墨西哥汽车
专利态势分析

主　编　凌秋妮
副主编　张云星　蓝艳裕　王浩楠

知识产权出版社
全国百佳图书出版单位
—北京—

图书在版编目（CIP）数据

墨西哥汽车专利态势分析/凌秋妮主编．—北京：知识产权出版社，2023.9
ISBN 978-7-5130-8876-3

Ⅰ.①墨… Ⅱ.①凌… Ⅲ.①汽车—专利技术—研究—墨西哥 Ⅳ.①U466

中国国家版本馆 CIP 数据核字（2023）第 159521 号

内容提要

本书围绕墨西哥汽车关键技术及各重点技术分支进行专利态势分析，对墨西哥主要专利权人在该领域的专利态势及专利布局进行重点分析，分析其研发热点和技术动向，以及汽车企业进入墨西哥市场的专利壁垒情况，为汽车企业制定"走出去"战略提供有力支撑。

责任编辑：刘晓琳　　　　　　　　责任校对：潘凤越
封面设计：智兴设计室·任　珊　　责任印制：刘译文

墨西哥汽车专利态势分析

主　编　凌秋妮
副主编　张云星　蓝艳裕　王浩楠

出版发行：知识产权出版社有限责任公司	网　址：http://www.ipph.cn
社　址：北京市海淀区气象路 50 号院	邮　编：100081
责编电话：010-82000860 转 8133	责编邮箱：3275882@ qq. com
发行电话：010-82000860 转 8101/8102	发行传真：010-82000893/82005070/82000270
印　刷：北京九州迅驰传媒文化有限公司	经　销：新华书店、各大网上书店及相关专业书店
开　本：720mm×1000mm　1/16	印　张：13.5
版　次：2023 年 9 月第 1 版	印　次：2023 年 9 月第 1 次印刷
字　数：220 千字	定　价：89.00 元

ISBN 978-7-5130-8876-3

序　言

专利是知识产权的核心要素，专利态势分析一直以来都是企业技术研发及风险管理的有效工具，是在宏观决策、产业规划、企业经营和创新活动中，以专利数据为核心，深度融合各类数据资源，全景式分析区域发展定位、产业竞争格局、企业经营决策和技术创新方向，服务创新资源有效配置，提高决策精准度和科学性的新型专利信息应用模式。自 20 世纪 80 年代开始，我国学者就将专利作为技术情报进行分析与研究，专利态势分析对企业跟踪监视前沿技术、把握技术分布态势、判断技术发展方向、摸清专利壁垒、做好研究战略定位与专利布局规划至关重要。

随着"一带一路"建设的推进与深入，中国企业在国际上的地位不断提升，"中国制造"的技术含量不断提高，越来越多的中国企业参与到国际市场竞争中。在这个过程中，中国企业也逐渐意识到知识产权是国际商业竞争的利器，而专利信息是企业提升创新实力的重要信息来源。通过专利态势分析，企业可了解目标市场专利状况，明晰进入目标市场的定位，制定与竞争对手博弈的技术路线。

汽车产业是全球产业关联度较强、全球化程度最高的产业之一，是专利密集型产业的典型代表。墨西哥的汽车制造业历史悠久，是世界第四大汽车零部件出口国，正逐渐成为众多中国汽车企业在北美自贸区范围内的最佳投资对象。本书围绕墨西哥汽车关键技术及各重点技术分支进行专利态势分析，对墨西哥主要专利权人在该领域的专利态势及专利布局重点进行分析，分析其研发热点和技术动向，指出汽车企业进入墨西哥市场的专利壁垒情况，做到"知己知彼，百战不殆"，为汽车企业制定"走出去"战略提供有力支撑。

本书的编写分工如下：凌秋妮负责第一章、第二章、第三章、第四章的编写；张云星负责第五章的编写；蓝艳裕、王浩楠负责图表及文字校验。

本书检索使用的数据库和分析工具包括：知识产权大数据与智慧服务系统（Inspiro）、incoPat专利数据库、墨西哥工业产权局的工业产权公报信息系统（SIGA）、欧洲专利局的专利检索系统（Espacenet）、世界知识产权组织的专利检索系统（PATENTSCOPE）。本书的数据检索截止日期为2021年12月30日，书中所列的2021年墨西哥汽车专利数据为0是由于墨西哥公布的专利数据滞后，数据库中没有2021年墨西哥的专利数据。

编者

目　录

I

绪 论

一、中国汽车产业概况

汽车产业是国民经济重要的支柱产业，具有产业链长、关联度高、就业面广、规模效益显著等特征。21 世纪以来，全球汽车产业呈现出了新的格局和态势，由于亚洲汽车市场的全面扩容，以及中国汽车产业的蓬勃兴起，亚洲已超越美洲、欧洲成为全球汽车制造中心。据国际汽车制造商协会发布的全球汽车产量统计数据显示，2021 年，全球汽车产量完成 8000 万辆，中国以 2608.22 万辆继续蝉联世界汽车产量第一的宝座，比第二名美国高出将近 1700 万辆，约占世界总产量的三分之一。

以中国、印度、俄罗斯、巴西金砖四国为首的新兴市场，是世界汽车巨头早已布局的重点市场。尤其在加入世贸组织协定之后，中国汽车市场发展日新月异，成为拉动世界汽车销量的火车头。此外，泰国、墨西哥和伊朗，也是跨国公司青睐的生产制造基地。中国和印度作为世界上最大的两个发展中国家，人口总和约占据世界总人口的三分之一，但人均汽车保有量远远低于世界平均水平，被跨国汽车集团放在战略发展的重要位置上。中国近十年快速发展，已经成为世界上第一大汽车销售国，跨国企业纷纷针对中国市场加大投入，不断推出适合中国市场的与世界同步的节能环保的新产品，并致力于在产品研发、生产制造、销售、服务、金融以及国际供应链引入等产业链的各个环节不断实施深入的本土化经营策略，以期在中国市场上有所作为从而保证其全球领先地位。

中国已经成为全球最大的汽车制造国，约有 130 多家整车制造厂及近万家零部件制造厂，几乎所有大型跨国汽车集团在中国都已经设立了合资企业，在中国汽车市场的竞争实际上就是各大跨国汽车集团在国际舞台上的竞争。虽然中国本土的汽车企业在核心技术、自主创新能力以及品牌价值等方面，整体还处于劣势，但几千万辆的产销量已经给中国各大汽车集团在产品研发、制造策略和系统管理上积累了足够的经验。

汽车产业也成为推动我国国家经济发展的支柱性产业，在促进国家经济社会发展方面有着重要的地位。中国汽车产业历经多年的蓬勃发展，建立了世界范围内发展规模较大、品种齐备、配套完整的汽车行业体系。虽然我国是汽车生产大国，却不是汽车品牌大国，在新能源汽车和智能网联汽车快速发展的带动下，我国汽车产业格局历经了重大调整，中国汽车自主品牌即将迎来前所未有的机遇与挑战，实现在新能源汽车和智能网联汽车上的"弯道超车"。

随着改革开放的深入发展，中国的汽车制造水平突飞猛进，无论是在技术上还是在质量上，都能与合资企业一较高下，特别是销量方面，国产汽车销量稳步上升。中国汽车企业在海外经过多年的布局和经营，已经在汽车国际贸易领域占据了一定的市场份额，随着"一带一路"倡议的提出，中国汽车企业"走出去"的步伐加快，并且在主要出口市场形成了一定的竞争力。中国汽车工业协会统计数据显示，2021 年，我国国产品牌汽车出口 201.5 万辆，我国汽车出口首次突破 200 万辆，创汽车出口历史新高，占汽车销售总量的比重为 7.7%，比上年提升 3.7 个百分点。不难看出，2021 年，各大国产汽车厂家都在积极征战海外市场，仅从"创历史新高"来看，中国汽车出口已经呈现出一片不可阻挡的全新趋势。

二、广西汽车产业概况

汽车产业是广西的支柱产业之一，广西汽车产业的发展处于全国中等偏上水平。2021 年，广西汽车产量 190.08 万辆，位于全国第六位。广西汽车产业主要包括汽车整车制造业、专用车与改装车及汽车零部件制造业，在保持国内最大的微型汽车生产基地地位的同时，已经形成以柳州为中心并辐射玉林、桂林和南宁的汽车产业集群。广西百强企业中有 10 家汽车企业，占比10%，拥有上汽通用五菱汽车股份有限公司（以下简称上汽通用五菱）、广西玉柴机器集团有限公司（以下简称玉柴集团）、东风柳州汽车有限公司（以下简称东风柳汽）、广西汽车集团有限公司（以下简称广西汽车集团）等一批在国内具有较强竞争力的优势企业，拥有五菱、宝骏、乘龙、霸龙、风行、景逸、菱智、大宇客车等在国内较有影响力的汽车品牌和玉柴机器这一内燃机品牌。此外，还拥有一批较具实力的专用车生产企业，如柳州五菱汽车工业有限公司、一汽解放柳州特种汽车有限公司、中国重汽集团柳州运力专用汽车有限公司、广西玉柴专用汽车有限公司、柳州延龙汽车有限公司、柳州乘龙专用车有限公司等，利用本地微型汽车、载货车底盘进行改装，通过市场细分拉动整车发展。依托整车厂及专用车厂的配套需求，带动汽车零部件产业发展。零部件配套供应已形成以玉柴集团、柳州五菱汽车工业有限公司、广西方盛实业股份有限公司、桂林福达股份有限公司等汽车零部件骨干企业为依托，立足本地，面向全国，进入全球零部件采购体系的汽车零部件产业布局。

广西持续做大做强汽车产业，在乘用车方面，开展轻量化、智能化、电子化及自动驾驶汽车的前瞻性技术研究。在商用车方面，研制先进节能减排MPV跨界车等个性化车型，中重型车按照市场需求进行结构调整，向重型化、专用化、轻量化方向发展，客车则利用区内已有的客车底盘和整车基础，拓展产业规模。在新能源汽车方面，加强推动广西汽车产业转型升级，实现汽车产业由大到强的跨越式发展。以科技创新驱动新能源汽车产业快速发展，深化关键技术研究，加强前瞻部署，攻克核心技术，提升创新能力，实现混合动力与纯电动汽车、整车控制系统、锂离子动力电池、燃料电池、驱动电机等各个方面核心技术突破和关键零部件的制造，完善新能源汽车产业链，实现混合动力与插电式客车、纯电动客车，混合动力与纯电动轿车规模化生产，其中上汽通用五菱2020年7月推出的纯电动微型汽车宏光MINIEV，上市4个月后登上全球电动车销量冠军宝座，连续8个月蝉联中国新能源汽车销量冠军。广西汽车产业已逐步形成多元化产品优势。

三、广西重点车企海外市场概况

广西作为我国重要的汽车生产地之一，地处珠江三角洲经济区与广西—东盟经济技术开发区的交汇地带，其具有的沿海、沿边、沿江区位优势能够为汽车产品出口带来巨大的便利，同时作为连接中国与东盟最近的西部陆海新通道，已成为面向东盟出口汽车的桥头堡。为扩大广西汽车产品出口规模，打造面向东盟的南方汽车出口制造基地，广西出台《推进广西汽车工业转型升级发展工作方案》，针对汽车出口出台支持广西扩大汽车出口的若干政策措施，充分利用广西地处中国对东盟贸易前沿地区的优势，加快出口基地建设，研究制定促进汽车和零部件出口的政策，有效加快广西汽车出口发展，助推汽车工业转型升级。2021 年，广西汽车出口额 76.9 亿元，增幅高达 189.6%；汽车零配件出口额 46.6 亿元，同比增长 34.7%。

上汽通用五菱是中国生产微型汽车和小型汽车最大的单体制造公司，是国内微型商用车市场标准的主要制定者之一，早在 2004 年就通过"借船出海"的方式走出国门。作为广西汽车出口的自主品牌，2017 年 7 月，上汽通用五菱印尼工厂正式投产，开拓了将整个产业链出海的新模式。上汽通用五菱通过自主品牌效应，实施"整车出口、散件组装、整车基地建设"三线并行的国际化战略，实现品牌输出、知识与产品输出、人力资本与团队输出、业务运营与实践输出的"四大输出"。上汽通用五菱的出口业务目前已覆盖中南美洲、非洲、中东、东南亚的 40 多个国家和地区，并在新兴市场成为日系品牌的最大竞争对手，多款车型市场销量长期排在当地前三名，其全球战略车型——宝骏 530，是全球首款悬挂 4 种车标在 19 个国家销售的车型。2021 年，上汽通用五菱海外销量达 14.6 万辆，同比增长 88%。

东风柳汽商用车对标东盟市场需求，以市场化、个性化为出发点深耕东盟商用车市场。自 2003 年起，东风柳汽就开始进军越南市场，经过多年的深耕细作，成功进入老挝、柬埔寨、缅甸、菲律宾、泰国、马来西亚等东盟国家，打响了柳州汽车品牌的知名度，进一步扩展至南美、中东、非洲、中亚等地的重点市场。2021 年，东风柳汽累计出口汽车 1.5 万辆，销量和市场占有率均位列中重卡行业第一。

广西汽车集团生产的新能源电动物流车、新能源电卡、轻型客车，利用"一带一路"国际合作平台，凭借良好口碑和优良品质扬帆出海，出口美国、欧盟、越南、泰国、菲律宾等国家和地区。

四、墨西哥汽车专利态势分析的意义

汽车产业是全球产业关联度较强、全球化程度最高的产业之一，是专利密集型产业的典型代表。中国汽车企业在国际化的过程中，首先要重点做好专利战略的顶层设计和统筹规划，并通过专利态势分析做好专利风险预警和应对预案，加强对汽车及其零部件关键技术的专利分析和专利规划部署以化解风险，目标市场的专利态势分析已成为实现国际化目标的重要手段。以上汽通用五菱为例，该公司为不断提升其汽车产品海外竞争力，多年来不断针对海外目标市场开展关键技术及零部件的专利态势分析，了解相关汽车技术在目标市场的技术保护情况、主要发展趋势、专利技术壁垒、主要竞争对手的技术分布态势及关键技术研发方向和热点，针对海外目标市场，积极开展整体战略规划、专利风险规避、核心产品和核心技术布局，构建专利保护网，抢占市场先机。

墨西哥居于西半球中心地带，是南美洲、北美洲陆路交通的必经之地，素有"陆上桥梁"之称。墨西哥的汽车制造业历史悠久，已成为世界第四大汽车零部件出口国，仅次于中国、美国和日本，同时也是对美国汽车出口的第一大出口国，在墨西哥全国各地几乎都能看到汽车整车或零部件制造商的影子。在汽车产业发展的道路上，墨西哥政府全面开放，持续支持汽车产业发展，与多个国家签署自由贸易协定，并在建厂用地、融资等方面提供优惠政策，吸引了众多国际著名车企在墨西哥开办汽车整车及零部件生产企业。宝马（BMW）、克莱斯勒（CHRYSLER）、福特（FORD）、通用（GM）、本田（HONDA）、起亚（KIA）、马自达（MAZDA）、日产（NISSAN）、丰田（TOYOTA）和大众（VOLKSWAGEN）等知名汽车 OEM 制造商在墨西哥设厂，并稳步发展业务。根据国际汽车制造商协会（OICA）2022 年发布的数据，墨西哥仍是全球第七大汽车制造国。2021 年，墨西哥汽车产量达 315 万辆，其中 90.9% 用于出口。

墨西哥凭借其开放的市场、低廉的产业成本及政府层面多元化协调扶持策略，也逐渐成为众多中国汽车企业在北美自贸区范围内的最佳投资对象，江汽、北汽和上汽 MG 名爵是目前入驻墨西哥的三大中国汽车品牌。上汽 MG 名爵于 2020 年 10 月登陆墨西哥市场，在不到两年的时间里，在墨西哥市场上的销量已经超越了 20 多个品牌。2022 年 1 月至 7 月，上汽 MG 名爵售出

24041 辆汽车，成为在墨西哥销量排名第七位的汽车品牌，超过了福特、本田和马自达等。2021 年，江淮汽车 JAC 电动车销量占墨西哥电动车总销量的 60% 以上，市场占有率排名第一位，刷新出口及终端销量纪录。上汽通用五菱抓住"一带一路"建设机遇积极"走出去"，自 2021 年开始陆续向墨西哥出口宝骏 530、五菱宏光 V、宝骏 510 等全球化战略车型，人口众多、汽车消费市场潜力巨大的拉美市场成为上汽通用五菱在海外发力的新方向。

本书围绕汽车关键技术及各重点技术分支进行专利态势分析，对墨西哥主要专利权人在该领域的专利态势及专利布局重点进行分析，分析其研发热点和技术动向，指出中国汽车企业进入墨西哥市场的专利壁垒情况及相关领域专利布局策略建议等。

五、墨西哥汽车专利态势分析内容

本书整理了针对墨西哥的汽车关键技术专利态势分析内容，从宏观和中观层面分析目标市场汽车相关专利，以便了解目标市场的专利状况，明确中国汽车企业进入目标市场的定位、制定与竞争对手博弈的技术路线。具体内容如下：

（1）根据前期调研结果，制定了汽车全领域的关键技术分解表，包括发动机、变速器、底盘、车身、内外饰及电子电器等关键技术，并将上述技术细化成三级技术分支，编写检索策略，经过检索、筛选、分类获得相关专利，作为分析的样本数据库，为了保证数据的可靠性和准确性，采取了团队合作（多人检索核实）的检索策略和步骤。

（2）统计分析了目标市场国汽车相关专利的整体申请趋势、专利技术构成及主要申请人排名情况。

（3）对每项关键技术的发展趋势、研发实力、专利技术分布以及主要竞争对手的专利布局情况进行分析，包括关键技术的研发热点及相关企业的专利布局重点。

（4）依据墨西哥汽车销量排名、汽车关键技术专利申请量的排名及技术人员的需求，确定相关专利申请人为分析对象。对上述分析对象申请的专利从申请趋势、技术构成及重点专利等维度分析其研发热点和技术动向。

（5）在前面分析的基础上从申请数量、目标市场国研发热度、竞争来源、市场主体的协同创新等几个维度综合考虑，建立专利状况等级标识模型，标识度从低到高依次分为 1 星至 3 星，对各个一级技术分支、主要关键技术的二级和三级技术分支和主要申请人的专利状况进行等级标识，并给出结论及建议。

墨西哥汽车专利概况

  在墨西哥，知识产权属民法体系，包括两大分支：工业产权和著作权。墨西哥知识产权体系的法律依据是联邦工业产权保护法和联邦著作权法。墨西哥的联邦工业产权保护法于 1991 年 6 月 25 日起实施，主要由工业专利法、商标法和外观设计法组成，于 2018 年最新修订；联邦著作权法于 1997 年制定，最新合并版本为 2014 年版。这些法律将产品专利保护延伸至几乎所有的生产工艺和产品，包括化学、铝合金、医药、生物技术和植物品种等。知识产权若受侵犯，权利人可以获得刑事、行政和民事司法救济。根据联邦工业产权保护法规定，任何个人和法人都可以申请发明专利、实用新型专利以及外观设计专利。主管专利及商标的行政部门为墨西哥工业产权局，它是墨西哥原工商部创立的独立机构，主要负责专利申请、商标注册等工作。主管著作权的行政部门为墨西哥国家版权局。墨西哥参加了保护知识产权的多个国际组织，是许多重要知识产权国际条约和协议的成员，如《保护工业产权巴黎公约》《保护文学和艺术作品伯尔尼公约》《与贸易有关的知识产权协定》《专利合作条约》《商标国际注册马德里协定》等。可见，墨西哥专利制度比较完善，墨西哥工业产权局网站上提供的工业产权公报信息系统（SIGA）可检索发明专利、实用新型专利以及外观设计专利信息。此外，欧洲专利局的检索网站（Espacenet）可以检索墨西哥工业产权局出版的专利文献，文献收录范围为 1980 年 10 月 14 日至今。世界知识产权组织的检索网站（PATENT-SCOPE）可以检索墨西哥工业产权局出版的专利文献，文献收录范围为 1991 年 12 月 2 日至今，为用户进行专利态势分析提供了数据基础。

  本章主要进行墨西哥汽车专利概况分析。通过前期调研，本书收集整理了墨西哥汽车相关技术和产业信息，并在专利数据库做了初步检索。通过与行业专家座谈、企业调研等活动，根据了解的技术和产业现状，结合专利初步检索情况，确定本章技术分级表及重点研究对象。在专利技术基础上，通过对墨西哥的汽车关键技术的专利申请进行专利申请数量比较和技术构成分析（包括发展趋势、研发实力、专利技术分布以及主要专利申请人的专利布局情况），了解相关企业在该领域的专利布局及技术实力。通过分析关键技术的构成，可在宏观层面评估技术风险；通过分析申请人的申请量排名，可识别竞争对手或合作伙伴。

一、技术分支及专利信息检索途径

（一）技术分支

本章技术分支分级表将汽车关键技术分解到三级技术分支，如表 2-1 所示。

表 2-1 汽车关键技术分支

技术主题	一级分支	二级分支	三级分支
汽车	变速器	手动换挡变速器	—
		自动换挡变速器	电控机械式自动变速器（AMT）
			双离合自动变速器（DCT）
			自动变速器（AT）
			无级变速器（CVT）
	发动机	曲柄连杆机构	—
		发动机起动	—
		发动机进气供给	增压
			进气管道
			可变配气机构
			废气再循环（EGR）
		燃油供给及燃烧	燃油处理
			供油系统
		点火系统	—

续表

技术主题	一级分支	二级分支	三级分支
汽车	发动机	发动机冷却和润滑	冷却
			压力润滑
			润滑剂的冷却/加热或控制温度
		后处理	排气净化
			消声
		发动机控制	怠速启停控制
			发动机制动控制
			燃油喷射控制
			进/排气管节流控制
	底盘	传动系统	万向传动装置
			驱动桥
		行驶系统	车架
			悬架
			车轮
		转向系统	—
		制动系统	—
	车身	白车身	侧围板
			门柱
			顶盖
			地板及/或大梁
			挡泥板/翼子板；车轮罩板
		车身开闭件	车门
			车窗
			发动机罩或盖
	内外饰	车身外饰	保险杠
			后视镜
			扰流板
			车灯
			散热器格栅

续表

技术主题	一级分支	二级分支	三级分支
汽车	内外饰	车身内饰	仪表板和中控台
			遮阳板及内饰板
			座椅
	电子电器	电器系统	导电线缆
			开关及继电器
			雨刮系统/洗涤系统
			喇叭（蜗牛/盆形喇叭、机械/电子喇叭）
			倒车辅助系统/行人警示装置（AVAS/低速行驶行人警示器）/倒车蜂鸣器/倒车雷达/倒车影像
			12V 铅酸电池系统（非新能源）
			电源插座
			智能蓄电池传感器（IBS）
		电子信息技术	车身控制器（BCM）
			无钥匙系统（PEPS）
			胎压监测系统（TPMS）
			雨量光照传感器（RLS）
			无线充电模块（WPC）
			网关
			自动泊车
			导航/多媒体/CD 机
			扬声器/麦克风
			天线
			电子钟
			车联网终端（TBOX）

（二）专利信息检索途径

检索使用的数据库和分析工具包括：知识产权大数据与智慧服务系统（Inspiro）、incoPat 专利数据库、墨西哥工业产权局的工业产权公报信息系统

(SIGA)、欧洲专利局的专利检索系统（Espacenet）、世界知识产权组织的专利检索系统（PATENTSCOPE）。

二、专利申请趋势分析

各个关键技术的申请量随时间的变化能够直观反映技术产出和技术更新的趋势，也可以看出某一时段某一地域的研发热点。墨西哥汽车专利技术产出趋势如图 2-1 所示。本书对检索、筛选后的 2002—2021 年的 13355 篇专利文献进行了统计分析，其中，发动机、变速器、底盘、车身、内外饰和电子电器的专利申请量分别为：3083 件、698 件、3353 件、1200 件、1755 件和 2038 件。在总数据方面，2002—2006 年（第一阶段）提交的专利申请约占 2002—2021 年以上几项专利申请量的 21.3%。2007—2011 年（第二阶段）提交的专利申请约占 2002—2021 年以上几项专利申请量的 15.9%，受到 2008 年经济危机的影响，墨西哥汽车市场产销量下跌，相关专利申请量也出现了小幅下跌。2012—2016 年（第三阶段）提交的专利申请约占 2002—2021 年以上几项专利申请量的 25.8%。2012 年，墨西哥新政府执政后，与企业界、工会组织联手推出了包含 20 余项措施的制造业与汽车业发展计划，该政策刺激了墨西哥本土汽车企业及外资车企对汽车研发的投入和墨西哥汽车市场的开拓，从而带动了汽车专利申请等相关知识产权保护行为，政策包含的发展计划使得专利申请效果得到凸显。2017—2021 年（第四阶段），延续了第三阶段的势头，汽车相关专利申请量继续呈现上升趋势，提交的专利申请约占 2002—2021 年以上几项专利申请量的 37.0%。2017 年至今，墨西哥汽车及其相关零部件企业的新产品层出不穷，在各关键技术领域均有突破，起到主要推动作用的是内外饰、电子电器和车身技术分支在该时期不断增加的专利申请，同时也表明了各大汽车制造企业和零部件供应商对知识产权的重视程度不断提高。

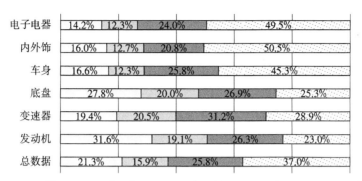

图 2-1　2002—2021 年墨西哥汽车专利技术产出趋势

在变速器方面，该技术在四个阶段的专利申请分布较为均衡，2002 年以前，主要申请人为托罗特拉克（开发）有限公司（TOROTRAK DEV LTD，GB）、伊顿公司（EATON CORP, US）；第二阶段和第一阶段的专利申请量占比相近，均为 20% 左右；第三阶段和第四阶段的占比也较为相近，均为 30% 左右，申请人以日本、美国的车企为主，其中日本日产为第三阶段的领先者，主要涉及无级变速器和自动变速箱技术分支。美国福特和日本日产为第四阶段的专利申请量排行前两位的申请人，其中，福特在墨西哥的技术布局主要集中在自动变速箱技术分支。

在发动机技术方面，总体来看，该项技术的专利申请量在第一阶段申请占比最多，达到 31.6%；第二阶段降幅较大，仅为 19.1%；第三阶段和第四阶段申请量又有小幅回升，可见，墨西哥的发动机技术研发热度有减弱趋势。申请人中排名前十位的墨西哥地区发动机专利申请人有 5 个来自美国，分别是福特、德纳（DANA CORP）、伊顿、万国引擎（INTERNATIONAL TRUCK AND ENGINE CORPORATION）和史古德利（SCUDERI）；3 个来自日本，分别是日产、本田和丰田；2 个来自德国，分别是巴斯夫（BASF SE）和曼胡默尔（MANN HUMMEL）。从企业产品类型上看，有 4 家汽车企业和 6 家零部件供应商。

在底盘技术方面，该项技术的发展趋势与发动机技术相似，第一阶段的专利申请主要涉及车轮和悬架技术分支，具体为米其林（MICHELIN RECH TECH）和固特异（THE GOODYEAR TIRE RUBBER COMPANY）等汽车轮胎供应商在轮胎方面的专利布局，悬架技术分支申请人较为分散，主要为万国卡车（INTERNATIONAL TRUCK INTELLECTUAL PROPERTY COMPANY LLC）和德纳。第二阶段和第三阶段的专利申请量领先者为福特和日产，随着消费者对汽车行驶过程中舒适度的要求和汽车制动安全性能的需求日益提高，悬架技术和行驶系统也陆续完善、不断创新。在第三阶段和第四阶段，车轮和悬架技术分支的相关专利申请量随之增长，申请量较多的申请人包括福特、米其林等，该时期日产在制动系统和转向系统技术分支也有较多专利布局。

在车身技术方面，前两个阶段的申请量较少，主要申请人有法国的圣戈班（SAINT GOBAIN）、美国的摩缇马帝（MULTIMATIC INC）、日本的积水（SEKISUI CHEMICAL CO LTD）和德国的拜耳（BAYER AG）。第三阶段，日本车企、美国车企在墨西哥汽车市场的竞争激烈，两国的车企及车身零部件生产企业，如圣戈班、本田、丰田、日产和福特等逐渐在墨西哥提交大量专利申请，导致车身技术专利申请量大幅提升。第四阶段延续了第三阶段的增长势头，除了墨西哥本土企业外，日本、美国、德国等国家和地区的整车和零部件生产企业在墨西哥大量建厂，促进了车身技术的创新，最突出的是福特在该阶段申请了252件专利，远远领先于排名第二位的积水（29件）和圣戈班（28件）。

汽车内外饰技术和车身技术分支专利申请趋势基本一致，前两个阶段的申请量占比较少，分别为16.0%和12.7%，百利得安全系统（KEY SAFETY SYSTEMS, INC.）、安通林（GRUPO ANTOLIN）、江森自控（JOHNSON CONTROLS）、本田和3M（MINNESOTA MINING AND MANUFACTURING COMPANY）等公司为该时期的主要申请人，专利申请主要涉及遮阳板/内饰板、座椅和车灯。第三阶段和第四阶段出现了申请量的增长，申请量占比分别为20.8%和50.4%。可见，墨西哥内外饰技术专利研发主要集中在2012—2021年，在2017—2019年每年的申请量均突破200件，并在2018年达到历史峰值238件。其中，福特是第四阶段内外饰技术研发的领跑者，专利申请量为536件，而在早期较为活跃的百利得汽车安全系统和安通林已经退出了该领域的技术竞争。

汽车电子电器技术的专利申请趋势也和车身技术分支相同，前两个阶段的申请量较少，占比总共为26.6%。该时期属于汽车电子电器技术的萌芽期，技术发展不成熟，尚处于探索阶段。专利申请人以本迪克斯（BENDIX COM-

MERCIAL VEHICLE SYSTEMS LLC）、高通（QUALCOMM INCORPORATED）、万国卡车、本田、博世（BOSCH GMBH）和法雷奥（VALEO SECURITE HA-BITACLE）为主。本迪克斯的专利申请主要集中在防抱死制动系统（ABS），法雷奥和博世的专利申请主要集中在雨刮系统。第三阶段开始，随着电子电器技术的发展，汽车由单纯的机械产品向高级的机电一体化产品方向发展。除上述专利申请人外，福特和日产开始进入汽车电子电器技术领域，并逐渐成为该领域的领先者。日产比福特更早进入该领域，主要涉及导航/多媒体/CD 机、倒车辅助系统/行人警示装置（AVAS/低速行驶行人警示器）/倒车蜂鸣器/倒车雷达/倒车影像、车身控制器等；而福特的研发技术分布较为均衡，主要涉及倒车辅助系统/行人警示装置（AVAS/低速行驶行人警示器）/倒车蜂鸣器/倒车雷达/倒车影像、导航/多媒体/CD 机。在第三阶段和第四阶段，该领域的专利申请数量占比分别为 24.0% 和 49.5%。可见，汽车电子电器已成为一个新兴行业，电子电器技术的应用和创新极大地推动了汽车工业的进步与发展，对提高汽车的动力性、经济性、安全性，改善汽车行驶的稳定性、舒适性，降低汽车排放污染、燃料消耗起到了非常关键的作用，同时也使汽车具备娱乐、办公和通信等丰富功能。2017—2021 年是汽车电子电器技术专利申请的高峰期，在 2017 年和 2019 年均达到历史峰值 280 件。

三、技术构成分析

汽车关键技术的专利申请量如图 2-2 所示，该图直观地展示了技术的研发重点及构成比例。从汽车六大关键技术来看，墨西哥有关底盘、发动机、电子电器和内外饰技术的专利申请较多，分别占总申请量的 24%、22%、14% 和 12%。

底盘技术则包括传动系统、行驶系统、制动系统和转向系统四大技术分支，是汽车产品舒适和安全的保证。随着消费者对汽车产品性能的要求逐步提高，相关企业的专利申请日益增多。

由于发动机的参数和零部件繁多（如发动机的温度、进气流量、转速变化、喷油策略及各大车企的可变气门正时技术等），大多申请人通过开发调节上述参数的结构、装置及控制方法，解决高油耗、低效率的问题。因此，发动机技术领域的专利申请较多。

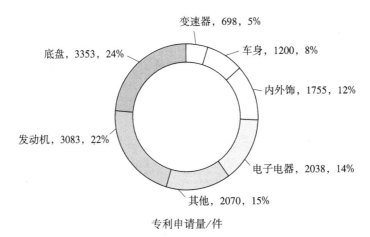

变速器，698，5%

底盘，3353，24%

车身，1200，8%

内外饰，1755，12%

发动机，3083，22%

电子电器，2038，14%

其他，2070，15%

专利申请量/件

注：本书在统计专利申请量时，将无法准确划分到各技术分支的专利申请计入"其他"一项中。

图2-2 汽车关键技术的专利申请量占比

汽车电子电器化的程度被看作衡量现代汽车水平的重要标志，是改进汽车性能最重要的技术措施，涉及发动机控制系统、底盘控制系统、车身电子控制系统、汽车信息系统、导航系统、汽车音响及电视娱乐系统等。汽车制造商认为增加汽车电子设备的数量、促进汽车电子化是夺取未来汽车市场的重要且有效的手段。因此，电子电器作为新兴的技术分支，受到了越来越多的关注。

随着人们消费水平的升级，汽车的内外饰也逐渐受到人们关注。汽车的内外饰给消费者以最为直观的感受，影响着各车企的品牌形象和消费者的购买欲望。同时，内外饰能够直接改变产品的外观且开发难度较低，相关的专利申请较多。

车身和变速器技术相对成熟，研发难度大，相对其他技术领域，专利申请量较小，分别占比8%和5%。

汽车各关键技术的协同创新（联合专利申请）情况如图2-3所示。墨西哥汽车相关专利的联合申请量占比很少，六大关键技术协同创新的专利联合申请量比例均低于2%，排名及占比依次为：发动机技术分支（1.43%）、内外饰技术分支（1.08%）、车身技术分支（0.92%）、底盘技术分支（0.78%）、电子电器技术分支（0.69%）、变速器技术分支（0.14%）。在发动机技术分支的专利申请中，联合申请的申请人包括博世与皮尔博格（PIERBURG GMBH CO KG）、洛克希德（LOCKHEED CORP）与莱特克斯（LITEX INC）等；在内外饰技术分支方面，联合申请的申请人包括莱德国际（RYDER INTERNATIONAL CORPORATION）与特克斯特（TEXTRON INC）、克莱斯勒与阿托马国际（ATOMA INT INC）等；在车身技术分支的专利申请中，联合申请的申请人主要包括：博泽沃尔兹堡（BROSE FAHRZEUGTEILE）与其子公司、维特洛（IT VETRO SIV S P A SOC）与三层安全玻璃（TRIPLEX SAFETY GLASS LTD）等；在底盘技术分支的专利申请中，联合申请的申请人主要包括米其林与其子公司、斯蒂尔凯（STEELCASE IN）与洛德（LORD CORP）、日产与新日空气制动器（NIPPON AIR BRAKE CO LTD）等。

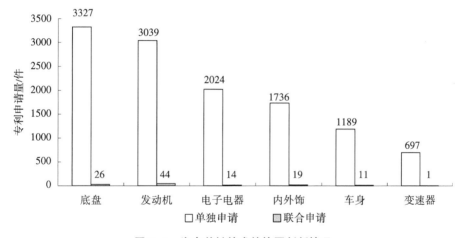

图2-3　汽车关键技术的协同创新情况

四、专利申请人分析

通过对汽车全领域专利的统计分析，将申请人的申请量进行排序，并对其专利的技术构成进行分析，可以直观地看出每个专利申请人的研发侧重点。

由图2-4可知，在墨西哥汽车领域中，福特的专利申请量最多，数量为1844件，遥遥领先于其他申请人，其研发重点为内外饰技术和电子电器技术，申请量占比分别为27.8%和25.6%；排名第二位的是日产，专利申请量为524

件，其研发重点为电子电器技术分支和发动机技术分支，占比分别为 40.0%
和 23.1%；排名第三位到第十位的申请人申请量均在 200 件以上，分别是法
雷奥、本田、本迪克斯、伊顿、圣戈班、德纳、固特异和亨德里克森（HEN-
DRICKSON），申请量分别为 251 件、222 件、201 件、190 件、187 件、178
件、172 件和 103 件。法雷奥的研发重点为电子电器技术，申请量占比
39.7%；本田的研发重点为发动机技术，申请量占比 42.8%；本迪克斯的研
发重点为底盘技术分支，占比达到 81.9%；伊顿的研发重点在于变速器技术
分支和底盘技术分支，占比分别达到 37.2% 和 25.1%；德纳的研发重点在底
盘技术分支和发动机技术分支，占比分别为 36.9% 和 32.0%；圣戈班的重点
研发领域在车身技术分支，占比达到 54.4%；固特异和亨德里克森研发重点
较为单一，均在底盘技术分支，占比分别达到 93.2% 和 82.5%。

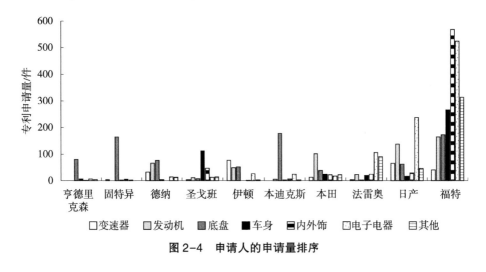

图 2-4　申请人的申请量排序

专利申请量排名前 10 位的申请人中均没有出现墨西哥本土申请人，申
请人均为美国、日本及欧洲等地的汽车整车厂或零部件供应商，表明墨西
哥汽车市场以国外企业的产品为主，墨西哥自主品牌市场占有率及技术竞
争力较差；排名前十位的申请人中，3 家为汽车整车厂，7 家为零部件供
应商。

五、小结

本章从墨西哥汽车专利申请情况、技术构成情况以及主要申请人等维度

对汽车六大关键技术进行了分析。其中，六大关键技术分支的专利申请量由多至少依次为底盘、发动机、电子电器、内外饰、车身和变速器。六大关键技术的协同创新占比均很少，技术创新主要依靠自主研发。主要申请人为：福特、日产、法雷奥、本田、本迪克斯、伊顿、圣戈班、德纳、固特异和亨德里克森等欧美及日本企业。上述分析便于企业能够根据墨西哥的专利状况，进一步明晰自身在墨西哥市场的定位、明确目标市场的竞争对手并确立自己的技术发展方向。

第 三 章

关键技术分析

通过对汽车关键技术的相关专利进行统计分析，包括每项关键技术的发展趋势、研发实力、专利技术分布以及主要竞争对手的专利布局情况，了解各项关键技术的研发热点及相关企业的专利布局实力。

一、发动机技术

根据初步检索分析，发动机技术可进一步分为二级技术分支与三级技术分支，如图 3-1 所示。二级分支包括曲柄连杆机构、发动机起动、发动机进气供给、燃油供给及燃烧、点火系统、发动机冷却和润滑、后处理和发动机控制八大分支。其中，发动机进气供给的三级技术分支包括增压、进气管道、可变配气机构和废气再循环（EGR）；燃油供给及燃烧的三级技术分支包括燃油处理和供油系统；发动机冷却和润滑的三级技术分支包括冷却、压力润滑和润滑剂的冷却/加热或控制温度；后处理的三级技术分支包括排气净化和消声；发动机控制的三级技术分支包括怠速启停控制、发动机制动控制、燃油喷射控制和进/排气管节流控制。

（一）发动机技术专利申请趋势分析

截至 2021 年 12 月，在墨西哥提交的涉及发动机技术领域的专利申请共3083 件。按照年度专利申请初步统计（见图 3-2），发动机技术专利申请在墨西哥的发展可分为五个阶段。第一阶段为 2002—2005 年，发动机技术专利申请出现了一个发展期，年申请量从 86 件逐渐增加到 153 件。第二阶段为2006—2008 年，出现持续的下滑趋势，年申请量于 2008 年跌到 49 件。第三阶段为 2009—2015 年，处于低潮期，该阶段受到经济危机的影响，年专利申请量基本在 100 件以内。第四阶段为 2016—2017 年，这一期间发动机技术专利申请迅猛发展，年申请量突破百件，并在 2017 年达到历史峰值 175 件。第五阶段是 2018—2021 年，年申请量有所降低，但因存在部分专利申请公开滞后的情况，2018 年之后的专利申请数量统计并不全面。

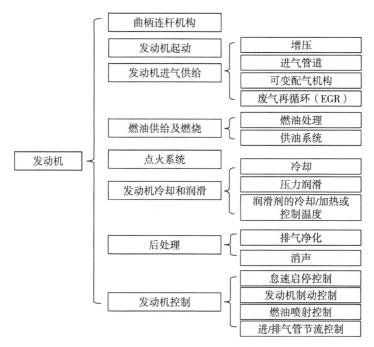

图 3-1　发动机技术分支

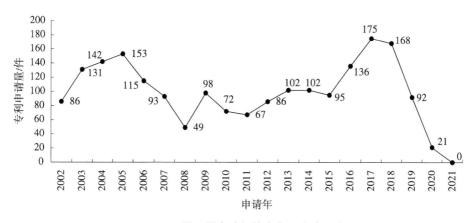

图 3-2　墨西哥发动机技术专利申请趋势

发动机二级技术分支在墨西哥的专利申请趋势如图 3-3 所示。可以看出，发动机进气供给、燃油供给及燃烧、发动机控制的年申请量趋势与发动机整体的年申请量发展趋势相似。燃油供给及燃烧的年申请量峰值为 2005 年的 39件，可见，燃油供给及燃烧的技术研发较早。后处理技术专利申请趋势比较平稳，于 2018 年达到峰值申请量 34 件。此外，点火系统和发动机起动的年申请量基本低于 10 件以下，研发热度较低，已趋于成熟。

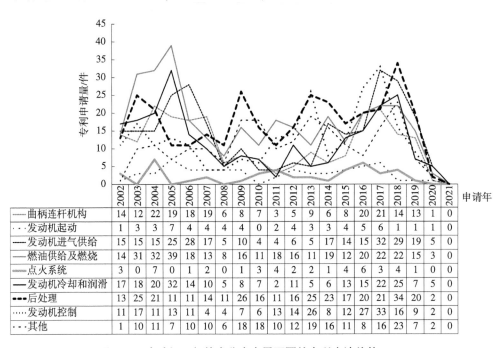

	2002	2003	2004	2005	2006	2007	2008	2009	2010	2011	2012	2013	2014	2015	2016	2017	2018	2019	2020	2021
—— 曲柄连杆机构	14	12	22	19	18	19	6	8	7	3	5	9	6	8	20	21	14	13	1	0
···· 发动机起动	1	3	3	7	4	4	4	4	0	2	4	3	3	4	5	6	1	1	1	0
—— 发动机进气供给	15	15	15	25	28	17	5	10	4	4	6	5	17	14	15	32	29	19	5	0
—— 燃油供给及燃烧	14	31	32	39	18	13	8	16	11	18	16	11	19	12	20	22	22	15	3	0
—— 点火系统	3	0	7	0	1	2	0	1	3	4	2	2	1	4	6	3	4	1	0	0
—— 发动机冷却和润滑	17	18	20	32	14	10	5	8	7	2	11	5	6	13	15	22	25	7	5	0
■-■- 后处理	13	25	21	11	11	14	11	26	16	11	16	25	23	17	20	21	34	20	2	0
····· 发动机控制	11	17	11	13	11	4	4	7	6	13	14	26	8	12	27	33	16	9	2	0
·-·- 其他	1	10	11	7	10	10	6	18	18	10	12	19	16	11	8	16	23	7	2	0

图 3-3　发动机二级技术分支在墨西哥的专利申请趋势

发动机主要三级技术分支在墨西哥的专利申请趋势如图 3-4 所示，各三级技术分支专利申请分别出现两次阶段性峰值，和发动机专利申请总体趋势相同。排气净化技术分支的申请量最多，随着排放法规的日益严苛，2018 年的峰值达到了 29 件。供油系统技术分支在 2005 年申请量达峰值后，便出现下滑趋势；到 2016 年达到 10 件，但已经远低于 2005 年的 22 件专利申请。进气管道技术分支在两个峰值上的数值较为平衡，均为 10 件左右。其余三级技术分支申请量较少，年申请量大多低于 5 件。

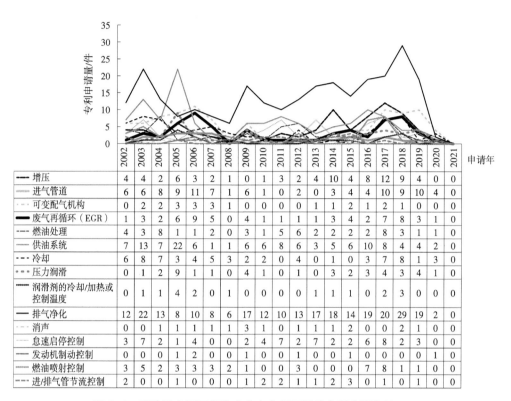

	2002	2003	2004	2005	2006	2007	2008	2009	2010	2011	2012	2013	2014	2015	2016	2017	2018	2019	2020	2021
增压	4	4	2	6	3	2	1	0	1	3	2	4	10	4	8	12	9	4	0	0
进气管道	6	6	8	9	11	7	1	6	1	0	2	0	3	4	4	10	9	10	4	0
可变配气机构	0	2	2	3	3	3	1	0	0	0	0	1	1	2	1	2	1	0	0	0
废气再循环（EGR）	1	3	2	6	9	5	0	4	1	1	1	1	3	4	2	7	8	3	1	0
燃油处理	4	3	8	1	1	2	0	3	1	5	6	2	2	2	2	8	3	1	1	0
供油系统	7	13	7	22	6	1	1	6	6	8	6	3	5	6	10	8	4	4	2	0
冷却	6	8	7	3	4	5	3	2	2	0	4	0	1	0	3	7	8	1	3	0
压力润滑	0	1	2	9	1	1	0	4	1	0	1	0	3	2	3	4	3	4	1	0
润滑剂的冷却/加热或控制温度	0	1	1	4	2	0	1	0	0	0	1	1	0	2	0	2	3	0	0	0
排气净化	12	22	13	8	10	8	6	17	12	10	13	17	18	14	19	20	29	19	2	0
消声	0	0	1	1	1	1	1	3	1	0	1	1	1	2	0	0	2	1	0	0
怠速启停控制	3	7	2	1	4	0	0	2	4	7	2	7	2	2	6	8	2	3	0	0
发动机制动控制	0	0	0	1	2	0	0	1	0	0	0	0	1	0	0	0	0	0	1	0
燃油喷射控制	3	5	2	3	3	3	2	1	0	0	3	0	0	0	7	8	1	1	1	0
进/排气管节流控制	2	0	0	1	0	0	0	1	2	2	1	1	2	3	0	1	0	1	0	0

图 3-4　发动机主要三级技术分支在墨西哥的专利申请趋势

（二）发动机技术专利申请构成分布

发动机二级、三级技术分支的专利申请量在墨西哥的整体分布概况如图 3-5 所示。发动机二级技术构成及专利申请量分布如下：燃油供给及燃烧申请量为 667 件，后处理申请量为 497 件，发动机进气供给申请量为 398 件，发动机控制申请量为 370 件，发动机冷却和润滑申请量为 367 件，曲柄连杆机构申请量为 359 件，点火系统申请量为 79 件，发动机起动申请量为 74 件。

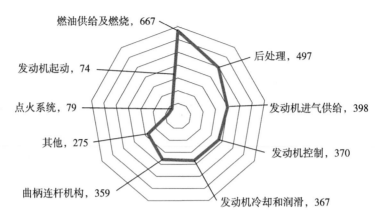

（a）发动机二级技术分支

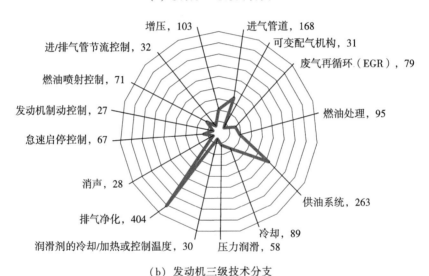

（b）发动机三级技术分支

专利申请量/件

图 3-5　墨西哥发动机技术二级和三级技术分支专利申请量分布

　　发动机三级技术分支的专利申请占比情况如图 3-6 所示。专利申请总量排名前四位的技术分支依次是排气净化、供油系统、进气管道和增压，申请量分别为 404 件、263 件、168 件及 103 件，其余技术分支的申请量都不超过100 件，其中发动机制动控制的申请量最低，仅为 27 件。可见，在墨西哥汽车市场，直接关系到汽车燃油经济性和排放性能的排气净化技术、供油系统技术是研发重点，这与日益严苛的排放法规及石化燃料的日益枯竭密切相关。

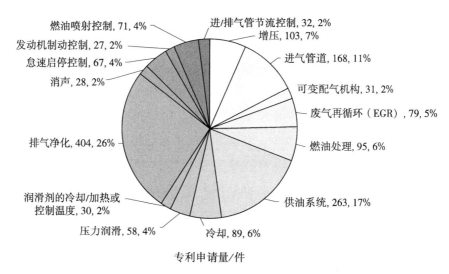

图 3-6 发动机三级技术分支专利申请占比

（三）主要申请人分析

为研究墨西哥地区发动机领域专利申请人分布状况，本节按照专利申请量和占比情况对专利权人进行排名。墨西哥地区发动机专利申请量排名前 10 位的专利权人如图 3-7 所示，其中有 5 个来自美国，分别是福特、德纳、伊顿、万国引擎和史古德利；3 个来自日本，分别是日产、本田和丰田；2 个来自德国，分别是巴斯夫和曼胡默尔。从企业产品类型上看，有 4 家汽车企业，6 家零部件供应商。

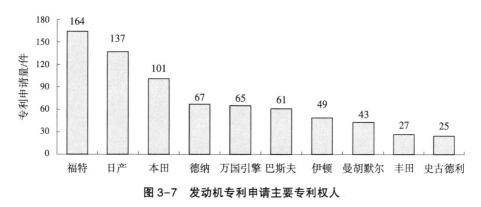

图 3-7 发动机专利申请主要专利权人

这 10 家企业的发动机专利申请都在 20 件以上。排在首位的福特的专利申请总量为 164 件，排名第二位的日产的申请总量为 137 件，排名第三位的本田共提交专利申请 101 件。可见，排名靠前的申请人均为整车厂。

墨西哥地区发动机领域主要专利申请人的申请趋势如图 3-8 所示。从整体上看，可将排名靠前的申请人分为两类。第一类申请人的主要申请量集中在 2004—2006 年，随后变少，有退出墨西哥市场的迹象，如本田、德纳和万国引擎。其中，本田在 2005 年的申请量达到 28 件，之后即便是在墨西哥市场发展良好的 2017—2018 年，也只有 0~1 件的年申请量。而德纳和万国引擎在 2017—2021 年几乎没有在墨西哥申请发动机相关专利。第二类申请人的申请趋势则是在 2014 年之前处于萌芽期，2014—2017 年出现快速增长。最突出的申请人为福特和日产，在 2017 年，福特和日产的发动机专利申请量分别达到 51 件和 38 件的峰值。该时期是发动机技术发展期，企业发动机专利申请数量激增。可见，福特、日产等企业为较晚进入墨西哥的企业，有扩张墨西哥市场的意图。

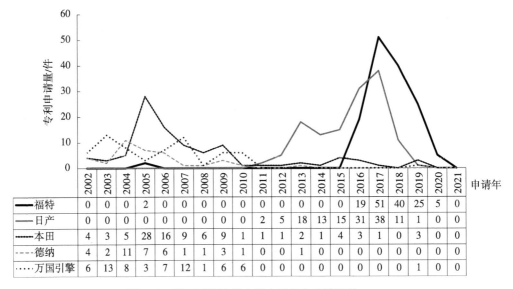

	2002	2003	2004	2005	2006	2007	2008	2009	2010	2011	2012	2013	2014	2015	2016	2017	2018	2019	2020	2021
福特	0	0	0	2	0	0	0	0	0	0	0	0	0	0	19	51	40	25	5	0
日产	0	0	0	0	0	0	0	0	0	2	5	18	13	15	31	38	11	1	0	0
本田	4	3	5	28	16	9	6	9	1	1	1	2	1	4	3	1	0	3	0	0
德纳	4	2	11	7	6	1	1	3	1	0	0	1	0	0	0	0	0	0	0	0
万国引擎	6	13	8	3	7	12	1	6	6	0	0	0	0	0	0	0	0	1	0	0

图 3-8　墨西哥发动机主要专利权人申请趋势

发动机主要专利权人申请概况如表 3-1 所示。从企业 2017—2021 年发动机专利申请量占专利申请总量的百分比可以看出，德纳、万国引擎和本田在发动机技术研发领域的活跃度明显下降，有退出发动机领域研发的趋势。福特、日产和巴斯夫提升明显，其中福特的占比高达 85.37%。在协同创新方面，排名靠前的申请人均采用独立申请方式申请专利。可见，在墨西哥，各企业主要采用自主研发方式。

表 3-1　发动机主要专利权人申请概况

专利权人	申请总量/件	2017—2021 年占总量百分比	专利权人归属国	合作专利数量/件
福特	164	85.37%	美国	0
日产	137	59.12%	日本	0
本田	101	6.93%	日本	0
德纳	67	0.00%	美国	0
万国引擎	65	0.00%	美国	1
巴斯夫	61	57.38%	德国	0

　　墨西哥地区发动机领域主要专利权人的技术构成分布情况如图 3-9 所示。福特的发动机技术优势主要在排气净化（25 件）、曲柄连杆机构（21 件）、增压（13 件）和废气再循环（13 件）技术分支，在其他三级分支均有专利布局，相对于零部件供应商申请人的专利分布，其更加均衡。日产主要活跃于曲柄连杆机构（19 件）、怠速启停控制（13 件）及燃油喷射控制（10 件）及增压（10 件）这四方面，其他方面分布也较为均衡。本田的研发热点为进气管道和供油系统两个技术分支。而万国引擎作为发动机供应商，其技术分布较为分散和均匀，申请量最多的技术领域为供油系统。德纳作为老牌零部件供应商，其技术绝大部分分布在曲柄连杆机构领域（33 件），而巴斯夫作为世界最大的化工厂之一，主要生产发动机后处理相关产品，因此技术分布绝大部分位于排气净化技术领域（49 件）。

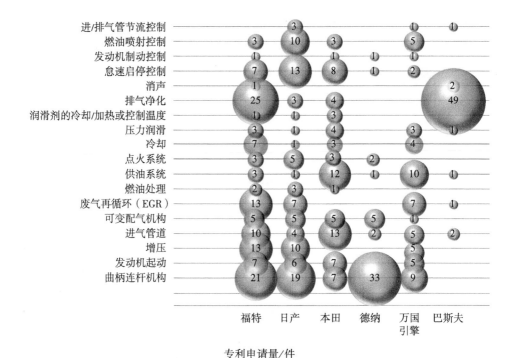

专利申请量/件

图3-9 发动机主要专利权人技术构成分布

（四）重点高价值专利统计分析

对发动机关键技术进行重点专利分析，利于企业对发动机核心技术的把握。根据专利申请及其同族的被引频次、布局国家数量、诉讼、许可、转让等因素，综合判断专利的重要性。被引频次在一定程度上体现了该专利对后续研发的重要性；布局国家数量、许可、转让表现了该专利的市场价值；诉讼体现了专利的稳定性。表3-2与表3-3分别展示了部分发动机关键技术重要专利的相关情况。

表3-2 有关发动机技术的重点专利列表

公开号	专利权人	被引频次	布局国家或地区	是否诉讼	是否许可	是否转让
MX2007010195A	克诺尔商用车制动系统有限公司	140	RU，JP，CN，EP，US，CA，KR，AT，BR，DE，MX，WO	否	否	否

续表

公开号	专利权人	被引频次	布局国家或地区	是否诉讼	是否许可	是否转让
MX2008004870A	万国引擎	42	KR, US, EP, IN, MX, CA, BR, JP, CN	否	否	否
MX2008016328A	巴斯夫	39	KR, IN, CA, CN, MX, ZA, BR, JP, RU, US, WO, EP, MY	否	否	否
MX2007003223A	本田	37	US, DE, CA, JP, MX, CN	否	否	否
MX2007003739A	本田	30	JP, WO, CA, CN, US, EP, MX	否	否	否
MX2007007475A	玛涅蒂玛	29	EP, US, DE, MX, RU, AT, BR, CN, ES, IN, PT, WO, IT	否	否	否
MX2008011039A	丰田	19	RU, WO, CN, DE, EP, BR, ES, JP, MX, US	否	否	否
MX2015001667A	福特	19	US, DE, CN, MX, RU	否	否	否
MX355253B	福特	13	DE, MX, CN, US, RU	否	否	否
MX2008010865A	雷诺	12	MX, FR, CN, IN, JP, WO, EP, RU, US	否	否	否

表 3-3　发动机技术部分重要专利详情

公开号：MX2007010195A 专利名称：内燃机新鲜空气供给装置及改善内燃机加速和排放的方法 申请日：2006.02.24	**技术方案：** 涉及一种新鲜混合气供给装置，用于具有新鲜混合气管道装置的涡轮增压活塞式内燃机（2），包括一个侧向通入到管状内腔（57）的带有流量调节装置（68）的压缩空气接头（42），以及一个设在内腔（57）中用于流量调节的可调活门（60），其中，内腔（57）由一个用于流入的第一端部接头（10）和一个用于废气涡轮增压器（22）的增压空气流出的第二端部接头（9）限定边界，其中，新鲜混合气管道装置设计为一个单独模件（8）的形式，这两个在其外壳（89）上的端部接头（9、10）设计为管道接头（86、87）的形式，它们除此之外还适合作为模件（8）的支承装置
	有益效果： 借助它们可使空气增压与汽车行驶方式和有效负荷相适应，其中，装置可作为一个装配单元通用地安装在涡轮增压式内燃机中

公开号： MX2008004870A 专利名称： 用于量化发动机机油 的燃油稀释的系统和 方法 申请日： 2008.04.17	技术方案： 与发动机相关联的数据处理系统实施一种算法，用以 a) 计算补充喷射燃油的数量，该数量的补充喷射燃油保留在气缸壁上的发动机机油膜中，且由于这样的保留和发动机的继续运转，其又返回发动机机油供源中。该算法包括处理各种数据，这些数据包括：表示补充喷射燃油数量的数据；表示发动机循环中某点处的气缸内压力的数据，该气缸内压力与保留在油膜中的补充喷射燃油数量有关；表示发动机循环中某点处的气缸内温度的数据，该气缸内温度与保留在油膜中的补充喷射燃油数量有关；表示发动机转速的数据。以及 b) 采用计算出的保留在油膜中的补充喷射燃油数量来量化发动机机油供应的燃油稀释
	有益效果： 揭示一种用于估算由补充喷射燃油强制柴油微粒过滤器（22）复原再生对发动机机油的燃油稀释作用的系统和方法
公开号： MX2008016328A 专利名称： 柴油机废气处理系统 催化剂监测 申请日： 2007.06.26	技术方案： 公开了柴油机废气处理元件、系统和方法。根据一个或多个实施方式，使用了一种氧储存组分，并且氧储存组分的降解与柴油机系统中催化剂烃转化效率的降低有关
	解决的技术问题： 现有的柴油机氧化催化剂无法满足目前美国国家环境保护局（EPA）OBD Ⅱ 和加利福尼亚空气资源委员会（CARB）OBD Ⅱ 的要求。这将需要提供柴油机系统的废气处理系统和方法，以能够对柴油机催化剂的性能进行上述监测
公开号： MX2007003223A 专利名称： 内燃机的燃料控制 装置 申请日： 2007.03.16	技术方案： 提供一种内燃机的燃料控制装置，具有进气通路（2）；设置在该进气通路内的压缩机（3）；设置在上述进气通路的上述压缩机（3）的下游侧的节气门（5）；连通上述压缩机的上游侧和下游侧的旁通通路（9、10）；以及设置在该旁通通路内的空气旁通阀（7），其特征在于，该燃料控制装置具有进气压力检测单元（24），其在上述节气门的下游侧检测进气压力（PBA）；转速检测单元（26），其检测上述内燃机的转速（NE）；开工作状态判定单元，其判定上述空气旁通阀（7）的开工作状态；吸入空气流量计算单元，其在上述空气旁通阀处于开工作状态时，根据检测出的内燃机转速（NE）和进气压力（PBA）计算上述内燃机的吸入空气流量（GAIRCYLN）；燃料量控制单元，其根据计算出的

公开号： MX2007003223A **专利名称：** 内燃机的燃料控制装置 **申请日：** 2007.03.16	吸入空气流量（GAIRCYLN）控制提供给上述内燃机的燃料量（TOUT）；吸入空气流量检测单元（22），该吸入空气流量检测单元在上述旁通通路（10）于上述压缩机（3）的上游侧与上述进气通路（2）连接的连接部的上游侧检测吸入空气流量，当上述空气旁通阀不处于开工作状态时，上述吸入空气流量计算单元根据由上述吸入空气流量检测单元（22）检测出的吸入空气流量（VGAIRX）计算上述内燃机的吸入空气流量（GAIRCYLN）。上述开工作状态判定单元具有增压检测单元（23），其在上述压缩机（3）的下游侧检测增压（P3TC）；以及大气压检测单元（29），其检测大气压（PA），当上述空气旁通阀（7）处于可打开状态且上述增压（P3TC）与大气压（PA）之间的压差大于或等于预定压力（PABVCRCG）时，上述开工作状态判定单元判定为上述空气旁通阀（7）处于开工作状态
	有益效果： 提供一种可高精度地估算具有对增压机的压缩机进行旁通的旁通通路和空气旁通阀的内燃机的吸入空气流量，适当地控制空燃比，维持良好排气特性的内燃机燃料控制装置
公开号： MX2007003739A **专利名称：** 用于计算工作负荷的发动机装置和方法 **申请日：** 2005.09.28	**技术方案：** 提供一种能够更高效且准确地计算发动机的做功量的装置和方法。计算发动机的做功量的装置具有成分确定装置，该成分确定装置从通过对发动机的体积变化率进行频率分解而获得的频率成分中，确定希望用于计算发动机的做功量的成分。该装置还具有：第一计算装置，其计算体积变化率和由与该确定的成分对应的频率构成的基准信号之间的第一相关系数；第二计算装置，其计算发动机的筒内压和由与该确定的成分对应的频率构成的基准信号之间的第二相关系数。根据该第一相关系数和该第二相关系数，计算发动机的做功量
	有益效果： 如果要通过现有的方法来计算发动机的做功量，则需要将与各种运转状态对应的行程体积和体积变化率存储在存储器中，其数据量将会变得很多，该发明的目的在于提供一种能够解决这些问题并计算出发动机的做功量的装置和方法

公开号： MX2007007475A **专利名称：** 确定燃料挥发度从而实施内燃机冷启动的方法 **申请日：** 2007.11.15	**技术方案：** 一种确定燃料挥发度从而实施内燃机的冷启动的方法；在冷启动情况下，该方法提供了确定作为燃料挥发度的存储值（Vmem）的函数的加浓百分比（%Enrich）；在实施启动之前确定启动特性的预定值（Mark-Pred）；使用先前确定的加浓百分比（%Enrich）启动发动机；确定启动特性的测量值（MarkMeas）；确定燃料挥发度存储值（Vmem）的修正值（Vcorr），所述修正值是启动特性的测量值（MarkMeas）和启动特性的预定值（MarkPred）之间的比较关系的函数；以及通过将修正值（Vcorr）应用至所述存储值（Vmem）而更新燃料挥发度的存储值（Vmem），从而有效地修改加浓量
	有益效果： 该方法实现起来简单且经济
公开号： MX2008011039A **专利名称：** 火花点火式内燃发动机 **申请日：** 2007.10.01	**技术方案：** 一种发动机，设置有能够控制进气门（7）的闭合正时的可变正时机构（B）和能够改变机械压缩比的可变压缩比机构（A），并且控制所述进气门（7）的闭合正时以控制馈送到燃烧室（5）中的进气量。为了即使在大气压力改变时也能获得与所需扭矩一致的输出扭矩，当大气压力降低时，使得进气门（7）的闭合正时靠近进气下止点，并且机械压缩比降低
	有益效果： 能够将压缩终点温度控制为最优温度
公开号： MX2015001667A **专利名称：** 用于发动机和动力传动系统控制的方法和系统 **申请日：** 2015.02.05	**技术方案：** 涉及用于发动机和动力传动系统控制的方法和系统，提供了用于加速更新车辆的动力传动系统校准表的方法和系统。该表使用在给定车辆上产生的数据来更新，同时使用从基于云的网络下载的数据来完善，所述下载的数据在具有匹配动力传动系统特性的一个或多个其他车辆上产生。充分的数据未在给定车辆上产生的车辆的校准表的区域使用来自那些对应区域具有充分的数据的一个或多个其他车辆的数据来填充
	有益效果： 可以有利于在较短的时间中更充分地填充发动机校准表

续表

公开号： MX355253A 专利名称： 经由氧传感器确定燃料乙醇含量的方法和系统 申请日： 2015.01.08	**技术方案：** 涉及经由氧传感器确定燃料乙醇含量的方法和系统，提供用于准确地获悉进气氧传感器或排气氧传感器的部件与部件变化性的方法。修正系数基于干燥空气条件中的传感器读数而获悉，通过将较高的基准电压施加到传感器获悉干燥空气读数。然后，乙醇传递函数基于获悉的修正系数被调整以便提高已燃烧的燃料乙醇含量估算的准确性
	有益效果： 调节内燃发动机的氧传感器的乙醇传递函数以补偿传感器的部件与部件的变化性，提高了发动机总的性能
公开号： MX2008010865A 专利名称： 控制用于预热柴油发动机空气/汽油混合物的低压动力塞的方法和系统 申请日： 2007.02.05	**技术方案：** 涉及一种控制用于预热柴油发动机（1）的空气/汽油混合物的低压动力塞（2）的方法。通过具有预定振幅和持续时间的脉冲向所述塞（2）提供动力，所述振幅小于最大振幅（PWM_MAX）。作为第一参数的函数控制对所述塞（2）提供的电压脉冲的振幅和持续时间，所述第一参数包括前置脉冲的持续时间以及连续前置脉冲之间的持续时间
	有益效果： 提出一种控制用于预热柴油发动机空气/汽油混合物的低压动力塞的方法和系统，由于向预热塞传送的前置脉冲，从而能够避免对该塞的损坏。此外，减少了温度传感器的使用，该方法和系统也是经济的

（五）小结

本节从专利申请趋势、技术分支构成情况以及主要专利权人等维度，对汽车发动机关键技术在墨西哥的专利申请情况进行了分析。

从申请趋势上看，2016—2018 年是发动机关键技术专利申请的热潮期。企业要在墨西哥地区开拓市场应注意绕开发动机技术的专利壁垒，提高专利侵权防范意识。在发动机关键技术中，专利申请比较活跃的前四个技术分支依次为：排气净化、供油系统、进气管道和增压；发展较为欠缺的技术分支为：发动机制动控制、消声、可变配气机构和进/排气管节流控制。

根据统计，发动机技术的专利权人主要是来自美国、日本和德国等地区的汽车企业和零配件供应商。整体上，汽车企业所涉及的发动机技术分支分布较为均衡，在各技术分支均有专利申请，如福特和日产；零配件供应商的发动机专利申请都较为集中于某一技术分支，如德纳集中于曲柄连杆机构，巴斯夫集中于排气净化。

本书进一步明确了发动机三级技术分支的主要专利权人，可参考作为潜在竞争对手或合作伙伴，促进企业协同创新发展。排气净化技术分支的主要专利权人有巴斯夫和福特；供油系统技术分支的主要专利权人为本田和万国引擎。此外，曲柄连杆机构作为没有分解三级技术分支的二级技术分支，其主要专利权人有德纳、日产和福特。

二、变速器技术

根据初步检索分析，变速器技术可进一步分为二级技术分支与三级技术分支，如图 3-10 所示，二级分支为手动换挡变速器与自动换挡变速器。其中，自动换挡变速器包括电控机械式自动变速器（AMT）、双离合自动变速器（DCT）、自动变速器（AT）、无级变速器（CVT）这四个三级技术分支。

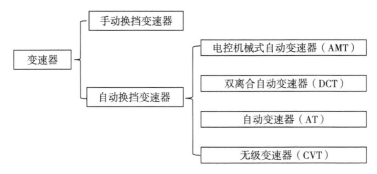

图 3-10　变速器技术分支

（一）变速器技术专利申请趋势分析

截至 2021 年 12 月，在墨西哥提交的涉及变速器技术领域的专利申请共696 件。2002—2021 年，变速器技术领域在墨西哥的专利年申请量统计如图3-11 所示，其发展可分为四个阶段。第一阶段是 2002—2005 年，变速器专利申请处于萌芽上升期，专利年申请量从 2002 年的 10 件增长到 2005 年的 21件。第二阶段是 2006—2012 年，是震荡期，变速器专利申请量在 11~19 件徘徊。第三阶段是 2013—2017 年，变速器专利申请量明显增长，2017 年达到 46件。第四阶段是 2018—2021 年，变速器专利申请量呈下降趋势，因存在部分专利申请公开滞后的现象，专利申请量统计并不全面。

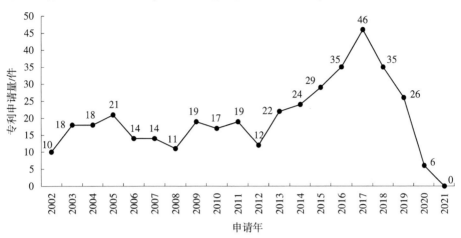

图 3-11　墨西哥变速器专利申请趋势

变速器二级技术分支在墨西哥的专利申请趋势如图 3-12 所示，可以看出变速器二级技术分支自动换挡变速器与手动换挡变速器技术的年度申请趋势与变速器整体发展趋势相似，但自动换挡变速器的研发热度明显高于手动换挡变速器，自动换挡变速器每年的申请量均高于手动换挡变速器。可见，自动换挡变速器在墨西哥汽车市场更受欢迎。自动换挡变速器技术分支的专利申请量在 2017 年达到历史峰值，为 23 件。此外，手动换挡变速器技术分支年专利申请量整体偏低，2002—2021 年专利年申请量不超过 8 件。

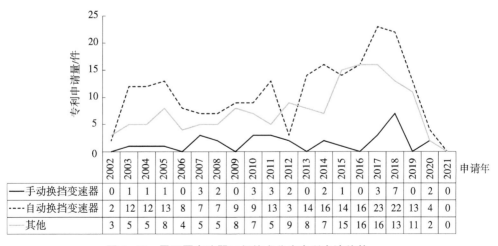

图 3-12　墨西哥变速器二级技术分支专利申请趋势

变速器三级技术分支在墨西哥的专利申请趋势如图 3-13 所示，主要三级技术分支专利申请分别在 2003—2004 年与 2016—2018 年出现两次阶段性峰值。无级变速器（CVT）技术分支专利申请趋势较为特别，在以日产为首的申请人的带动下，专利申请量在 2009—2011 年出现了明显的增长，于 2011 年达到 10 件；但之后仍然没有免受经济危机的影响，专利申请量于 2012 年出现了断崖式下跌，仅为 1 件。相比之下，电控机械式自动变速器（AMT）专利年申请量几乎为零，其换挡顿挫较其他变速器较为明显，驾驶体验差，因此电控机械式自动变速器（AMT）是即将淘汰的自动换挡变速器技术。

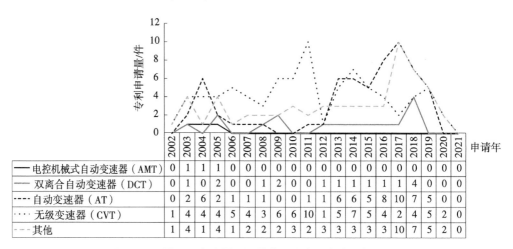

	2002	2003	2004	2005	2006	2007	2008	2009	2010	2011	2012	2013	2014	2015	2016	2017	2018	2019	2020	2021
电控机械自动变速器（AMT）	0	1	1	1	0	0	0	0	0	0	0	0	0	0	0	0	0	0	0	0
双离合自动变速器（DCT）	0	1	0	2	0	0	1	2	0	0	1	1	1	1	1	1	4	0	0	0
自动变速器（AT）	0	2	6	2	1	1	1	0	0	1	1	6	6	5	8	10	7	5	0	0
无级变速器（CVT）	1	4	4	4	5	4	3	6	6	10	1	5	7	5	4	2	4	5	2	0
其他	1	4	1	4	1	2	2	2	3	2	3	3	3	3	3	10	7	5	2	0

图 3-13　墨西哥变速器三级技术分支专利申请趋势

（二）变速器技术专利申请构成分布

变速器二级、三级技术分支在墨西哥的专利申请概况如图 3-14 所示。在变速器二级技术构成中，自动换挡变速器专利申请量共计 359 件；手动换挡变速器专利申请量为 95 件。在变速器技术构成中，专利申请量排行前三位的技术分支依次是无级变速器（CVT）、自动变速器（AT）、手动换挡变速器技术，申请量分别为 114 件、100 件、95 件。

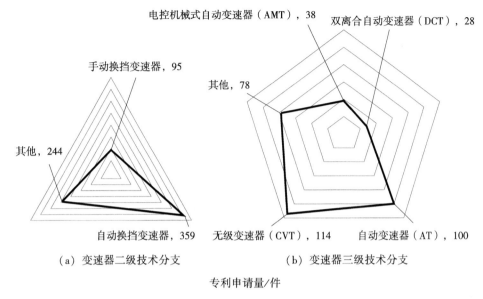

（a）变速器二级技术分支　　　　　（b）变速器三级技术分支

专利申请量/件

图 3-14　变速器二级与三级技术分支在墨西哥的专利申请整体分布概况

变速器三级技术分支的专利申请量占比情况如图 3-15 所示，无级变速器（CVT）专利申请量为 114 件，在自动换挡变速器中占比最大，达到 32%，其次为自动变速器（AT），占比为 28%。

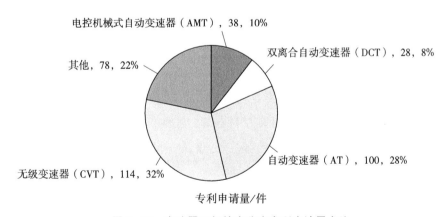

专利申请量/件

图 3-15　变速器三级技术分支专利申请量占比

（三）主要专利权人分析

为研究墨西哥地区变速器领域专利申请人分布状况，本书按照专利申请量和占比对专利权人进行了统计。检索到的墨西哥地区变速器专利申请涉及全球各地的汽车厂和零部件供应商，主要集中在美国和日本的申请人，其中，持有2件以上（含2件）专利申请的专利权人合计94个；持有5件以上（含5件）专利申请的专利权人共27个；持有10件以上（含10件）专利申请的专利权人11个，是申请人总量的36%。墨西哥地区变速器专利申请量排名前五位的专利权人分布情况如图3-16所示，这5家企业变速器专利申请量都在30件以上。排在首位的伊顿专利申请量为77件；日产专利申请量为65件，位居第二名；排名第三位的是福特，提交专利申请42件；排名第四位的是德纳，申请量为33件；盖茨（Gates）专利申请量为31件，排名第五位。

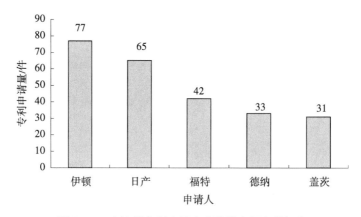

图3-16　变速器专利申请人申请的主要专利权人

　　墨西哥地区变速器领域主要专利申请人的申请趋势如图3-17所示。伊顿在2012年之后没有变速器相关专利申请，德纳仅在2007年申请了1件变速器相关专利。可见，德纳和伊顿在变速器领域已经逐渐退出了墨西哥市场。

　　在车企方面，日产和福特由于进入墨西哥市场较晚，二者分别在2011年和2016年之后才开始在墨西哥布局变速器专利。日产在2013年和2017年申请的变速器专利达到了峰值，申请量分别为19件和12件；福特则在2018年达到了专利申请量峰值18件。

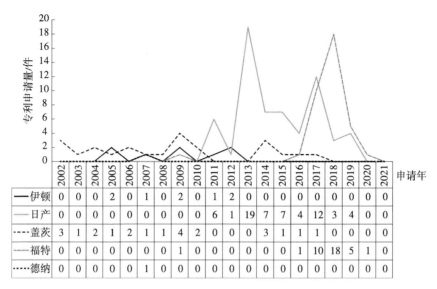

图 3-17　变速器主要专利权人申请趋势

变速器主要专利权人申请概况如表 3-4 所示。从企业 2017—2021 年变速器专利申请量占总量的百分比可以看出，德纳与伊顿在变速器技术研发领域的活跃度明显下降，2017—2021 年未申请变速器相关专利，有退出墨西哥市场的迹象；福特活跃度提升，2017—2021 年申请量占比达到 83% 以上，可见福特有扩张墨西哥市场的迹象，日产则相对平稳。在协同创新方面，各主要申请人均为自主研发，单独申请专利，未采用协作开发的方式。

表 3-4　变速器主要专利权人申请概况

专利权人	申请总量/件	2017—2021年占总量百分比	专利权人归属国	合作专利数量/件	合作企业
伊顿	77	0	美国	0	—
日产	65	35.38%	日本	0	—
盖茨	31	6.45%	美国	0	—
福特	42	83.33%	美国	0	—
德纳	33	0	美国	0	—

墨西哥地区变速器领域主要专利权人的技术构成分布情况如图 3-18 所

示。德纳的变速器技术优势主要在手动换挡变速器技术分支，申请数量达到19件，可见德纳的技术研发较为传统，并未在目前主流的自动换挡变速器研发领域发力。福特的变速器研发重点在于自动变速器（AT），申请数量达到13件，而电控机械式自动变速器（AMT）和无级变速器（CVT）领域专利申请较少。日产则较为均衡，在无级变速器（CVT）和自动变速器（AT）领域均申请较多专利，分别为17件和19件，但电控机械式自动变速器（AMT）和双离合自动变速器（DCT）领域专利申请较少。伊顿与德纳相似，在传统的手动换挡变速器领域申请了22件专利，其电控机械式自动变速器（AMT）领域申请量达到29件，遥遥领先其他竞争对手。

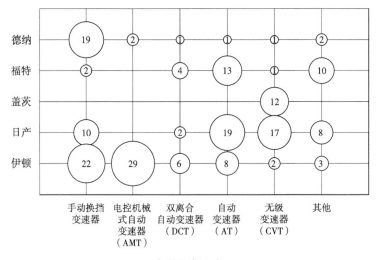

图 3-18　变速器主要专利权人技术构成分布

（四）重点高价值专利统计分析

对变速器关键技术进行重点专利分析，有利于企业对变速器核心技术的把握。根据专利申请及其同族的被引频次、布局国家数量、诉讼、许可、转让等因素，综合判断专利的重要性。被引频次一定程度上体现了该专利对后续研发的重要性，布局国家数量、许可、转让等因素体现了该专利的市场价值，诉讼情况体现了专利的稳定性。表 3-5 与表 3-6 分别展示了部分变速器关键技术重要专利的概况与详情。

表 3-5　变速器技术部分重要专利概况

公开号	专利权人	被引频次	布局国家或地区	是否诉讼	是否许可	是否转让
MX2015009790A	日产	6	WO, KR, CN, EP, US, JP, MX, RU	否	否	否
MX2014008682A	福博科	29	MX, AU, CA, KR, RU, CN, EP, JP, IN, WO	否	否	否
MX2012008134A	日产	14	MX, EP, IN, US, WO, BR, CN, JP, RU	否	否	否
MX2012009094A	日产	16	MX, JP, CN, WO, EP, IN, KR, RU, US	否	否	否
MX2007013219A	福特	72	GB, DE, CN, US, MX	否	否	否
MXPA06010524A	本田	58	JP, BR, EP, MX, US, CA	否	否	否
MXPA05010360A	特罗特拉	114	CN, DE, EP, KR, US, IN, JP, MX, WO, AT, BR, CA, RU	否	否	否
MXPA03009830A	运动技术	100	KR, CA, CN, RU, AU, DE, WO, AT, EP, JP, MX	否	否	否
MX9703171A	伊顿	68	EP, JP, DE, IN, US, BR, CN, MX	否	否	否
MX2009011962A	克诺尔商用车制动系统有限公司	3	EP, CN, CA, DE, MX, US, AT, WO	否	否	否

表 3-6　变速器技术部分重要专利详情

公开号： MX2015009790A 专利名称： 用于自动变速器的控制装置 申请日： 2013.11.14	技术方案： 一种自动变速器（AT）的控制装置，被输入来自包含发动机（Eng）和电动机/发电机（MG）的驱动源的驱动力。该自动变速器（AT）的控制装置具备：以 D 挡位进行连接的第二制动器（B2）、连接开始判定单元（步骤 S2→S3→S4）、判定禁止单元（步骤 S2→S5→S6）。连接开始判定单元在转速控制中且在选择 D 挡位而将释放状态的第二制动器（B2）连接时，在电动机/发电机（MG）的负荷增加了规定量的情况下，判定为第二制动器（B2）已开始连接。判定禁止单元为了防止将随着从 HEV 模式向 EV 模式的切换而产生的电动机的负荷变动误判为摩擦连接元件的连接开始，在产生了从 HEV 模式向 EV 模式的切换的情况下，禁止进行连接开始判定 有益效果： 可防止将随着从 HEV 模式向 EV 模式的切换而产生的电动机的负荷变动误判为摩擦连接元件的连接开始

续表

公开号： MX2014008682A 专利名称： 无限变速式无级变速器、连续变速式无级变速器、方法、组件、子组件以及其部件 申请日： 2013.01.21	技术方案： 涉及用于无限变速式无级变速器（IVT）的部件、子组件、系统和/或方法。在一个实施例中，控制系统被适配成促进 IVT 的操作模式的变化。在另一个实施例中，控制系统包括被连接到旋转动力源上的驱动离合器；该驱动离合器被配置成选择性地接合该 IVT 的牵引环和支架。该控制系统包括单向离合器组件，该单向离合器组件被配置成选择性地接合该牵引环和该支架
	有益效果： 提高效率和包装灵活性、简化操作，以及降低成本、大小和复杂性
公开号： MX2012008134A 专利名称： 车辆用无级变速器的控制装置 申请日： 2011.02.21	技术方案： 一种车辆用无级变速器的控制装置，其具备：无级变速机构，其能够无级地变更变速比；副变速机构，其与无级变速机构串联设置，作为前进用变速级，包含第一变速级和变速比比该第一变速级小的第二变速级，通过选择性地连接或释放多个摩擦连接元件来切换第一变速级和第二变速级，其特征在于，具备变速控制装置，其在从副变速机构的变速级为第二变速级的状态使车辆停车的情况下，将副变速机构的变速级维持在第二变速级保持不变而使车辆停车
	解决的技术问题： 驾驶者在未实施加速操作时易感觉到变速冲击。因此，在现有的车辆用无级变速器的控制装置中，存在即使是在降挡时变速冲击小的情况下，也可能会给驾驶者带来不适感且行驶性能变差这一问题
公开号： MX2012009094A 专利名称： 自动变速器及其液压控制方法 申请日： 2011.01.26	技术方案： 提供一种自动变速器及其液压控制方法。在怠速停止中，变速器控制器以将电动油泵的运转负荷设定为稳定负荷的稳定模式运转电动油泵，在发动机停止旋转时的规定期间，以将电动油泵的运转负荷设定为比稳定负荷大的负荷的高压模式运转电动油泵
	有益效果： 减少发动机在刚停止旋转后反转造成的、向起步摩擦连接元件的供给液压的下降，即使在向起步摩擦连接元件的供给液压下降的时刻产生起步请求的情况下，也可获得良好的起步性能

公开号： MX2007013219A **专利名称：** 双离合变速器的齿轮 选择方法 **申请日：** 2007.10.23	**技术方案：** 控制车辆多速度动力传送中的换挡的方法，该车辆包括通过产生倒车挡的第一动力路径传送动力的第一离合器，通过产生前进挡的第二动力路径传送动力的第二离合器，该方法包括选择变速器执行的倒车挡，让变速器准备交替通过第一动力路径和第二动力路径传送动力；啮合第一离合器并通过倒车挡中的第一动力路径传送动力，选择执行传送的前进驱动挡，松开第一离合器，啮合第二离合器，通过前进挡中的第二动力路径传送动力
	有益效果： 保证离合器、联轴器最终的啮合，克服现有变速器换挡控制的缺点
公开号： MXPA06010524A **专利名称：** 双离合变速器与一个 离心起动离合器 **申请日：** 2006.09.14	**技术方案：** 提供一种车辆动力传动系统的变速器（M），具有使内燃机动力换挡的第一换挡部分和第二换挡部分，将动力传递和中断到第一换挡部分的第一换挡离合器（41），以及将动力传递和中断到第二换挡部分的第二换挡离合器（42）。将动力传递和中断到第一换挡离合器（41）和第二换挡离合器（42）的起动离合器由带有离合器蹄块（23）的离心式离合器（C）构成
	有益效果： 该车辆动力传递系统在动力传递效率和耐久性方面表现优异，能够以低成本制造并能减轻起动冲击
公开号： MXPA05010360A **专利名称：** 控制连续可变传动装 置的方法 **申请日：** 2004.03.29	**技术方案：** 描述了一种控制连续可变比率传动装置类型的方法，该传动装置包括具有旋转式输入与输出构件的连续可变比率单元（"变速器"），变速器通过该输入与输出构件而连接于发动机与从动部件之间，变速器接收初级控制信号并构成对其输入与输出构件施加转矩，对于给定的变速器传动比而言，所施加的转矩与控制信号直接相对应，这种方法包括：确定目标发动机加速度，确定变速器初级控制信号和发动机转矩控制的设定以便提供所需发动机加速度并且根据这些设定来调节控制信号和/或发动机转矩控制，预测相应的发动机速度变化，考虑发动机和/或传动装置特征，以及根据实际与预测发动机速度的比较情况校正控制信号和发动机转矩的设定
	有益效果： 使得可以利用转矩控制型传动装置来有效控制动力传动系统

公开号： MXPA03009830A **专利名称：** 连续可变变速器 **申请日：** 2002.03.29	**技术方案：** 披露了一种用在旋转或线性驱动机器和车辆中的连续可变变速器。该变速器为用户提供了一种简单的手动换挡方法。另外，牵引滚轮变速器的实际市场化需要在变速器的可靠性、换挡方便性、功能和简便性上作出改进。本发明包括一种连续可变变速器，它可以用于需要变速器的任何类型的机器上
	有益效果： 具有改进的动力调节器支撑件和换挡机构，针对不同扭矩和动力负载向主动和从动部件施加适当轴向推力的装置，以及使离合器分离和再啮合以便滑行的装置
公开号： MX9703171A **专利名称：** 半—自动换挡实现 **申请日：** 1997.04.30	**技术方案：** 提供一种实现半自动换挡的控制系统或方法，用于机械传动装置，最好是一种分段和/或分隔型复合传动装置的变速杆式的半自动换挡。优选的方案为一种分隔变速装置或分隔及分段型的复合传动装置，带有手动实现动态主部换挡用的控制和操作元件，无须由变速杆手动调节油门或主离合器的变换，通过发动机的自动控制使扭矩中断，变换成空挡位置和/或使转速同步以接合所要求的传动比
	有益效果： 提供一种操纵杆换挡的复合变速装置用的半自动换挡操作系统，它相对简单和便宜，并能让该传动装置的操作以类似于小轿车的手动同步协调的传动箱方式进行
公开号： MX2009011962A **专利名称：** 用于车辆手动变速器的离合器调整装置及相应的控制方法 **申请日：** 2008.04.25	**技术方案：** 涉及一种离合器调整装置，包括离合器位置设定装置，能将该离合器位置设定装置置于不同的位置，基于所述位置对离合器进行相应的操纵，离合器位置设定装置适合于根据其位置产生第一电信号，基于第一电信号相应地操纵离合器，离合器位置设定装置适合于将第一电信号输出给一个第一控制装置，该第一控制装置基于第一电信号引起对离合器操纵装置的压力加载，以操纵离合器。离合器位置设定装置适合于根据其位置产生独立于第一电信号的第二电信号并且将第二电信号输出给一个第二控制装置，其中该第二控制装置适合于将所述第二电信号输出给第一控制装置。还涉及一种用于控制/调节这样的离合器调整装置的方法
	有益效果： 取消了液压联接装置，可以节省成本及对于该联接装置必需的结构空间，同时可以进行离合器的自动化的脱开和接合

（五）小结

本节从专利申请趋势、技术分支构成情况以及主要专利权人等维度对汽车变速器关键技术在墨西哥的专利申请情况进行了分析。

从申请趋势上看，变速器技术在墨西哥的专利申请可追溯到 20 世纪 70 年代由德纳和伊顿为首的零部件公司的专利申请，2013—2017 年是变速器关键技术专利申请的热潮期。企业要在墨西哥地区开拓市场应注意绕开变速器技术的专利壁垒，提高专利侵权防范意识。近二十年来，在变速器关键技术中，专利申请比较活跃的两个三级技术分支为：无级变速器（CVT）和自动变速器（AT）。手动换挡变速器和电控机械式自动变速器（AMT）在这个时期已经趋于成熟。

同时，根据统计，变速器技术的主要专利权人为来自美国和日本的汽车企业和零配件供应商。整体上，零部件厂商申请专利的年代较早，如德纳和伊顿。整车厂申请专利的年代较为靠后，申请热潮期为 2012 年以后，2017—2018 年为高潮期，专利权人如福特、日产和丰田。

进一步明确了热门的变速器三级技术分支的主要专利权人，可参考作为潜在竞争对手或合作伙伴、促进企业协同创新发展。无级变速器（CVT）技术分支的主要专利权人有日产和盖茨；自动变速器（AT）分支的主要专利权人为日产、伊顿和福特；传统的手动换挡变速器的主要申请人则为零部件供应商德纳和伊顿；电控机械式自动变速器（AMT）主要申请人为伊顿。

三、底盘技术

根据检索分析，底盘技术可进一步分为二级技术分支与三级技术分支，如图 3-19 所示。二级技术分支为传动系统、行驶系统、转向系统和制动系统。其中，传动系统包括万向传动装置和驱动桥等三级技术分支；行驶系统包括车架、悬架和车轮等三级技术分支。

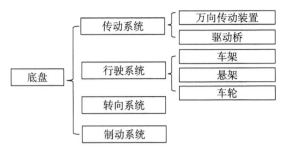

图 3-19 底盘技术分支

（一）底盘技术专利申请趋势分析

截至 2021 年 12 月，在墨西哥提交的涉及底盘技术领域的专利申请共 3353 件。按照年专利申请量统计如图 3-20 所示，底盘技术专利在墨西哥的发展可分为三个阶段。第一阶段为 2004 年之前，为墨西哥底盘关键技术的专利申请瓶颈期，各申请人的申请量在 2004 年开始下滑，年申请量有回落的趋势。第二阶段为 2005—2014 年，专利年申请量保持相对平稳的趋势，年申请量平均为 88 件左右。第三阶段为 2015—2021 年，该阶段底盘技术专利的申请量已出现增长趋势，于 2018 年达到峰值 207 件。其主要原因在于，美国、德国的车企和底盘供应商在墨西哥汽车市场的竞争激烈，两国的车企及底盘零部件生产企业尤其是福特在墨西哥提交大量专利申请，导致底盘技术专利申请量大幅提升。由于专利公开的滞后性，2019—2021 年的部分数据尚未公开，因此，2019—2021 年的专利申请量要大于图中统计的申请量。

图 3-20 墨西哥底盘技术专利申请趋势

底盘二级技术分支在墨西哥的专利申请趋势如图 3-21 所示，可以看出底盘二级技术分支行驶系统和转向系统技术的年申请量趋势与底盘技术整体发展趋势相似。由底盘的二级技术分支的专利申请趋势可知：相比其他技术分支而言，传动系统的申请量一直保持较低的水平，没有呈现出大幅增长的趋势，可见各大厂家并未投入较多力量研发该技术分支。增长趋势最明显的是行驶系统，可见墨西哥市场对汽车驾驶的舒适性的高度重视。制动系统和转向系统均呈现出缓慢波动式上升的趋势。

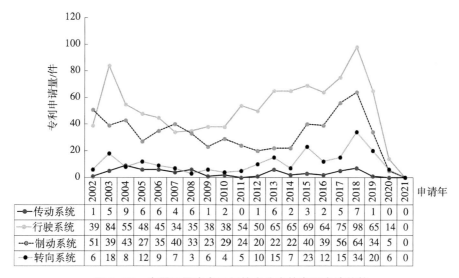

申请年	2002	2003	2004	2005	2006	2007	2008	2009	2010	2011	2012	2013	2014	2015	2016	2017	2018	2019	2020	2021
传动系统	1	5	9	6	6	4	6	1	2	0	1	6	2	3	2	5	7	1	0	0
行驶系统	39	84	55	48	45	34	35	38	38	54	50	65	65	69	64	75	98	65	14	0
制动系统	51	39	43	27	35	40	33	23	29	24	20	22	22	40	39	56	64	34	5	0
转向系统	6	18	8	12	9	7	3	6	4	5	10	15	7	23	12	15	34	20	6	0

图 3-21　在墨西哥底盘二级技术分支的专利申请趋势

底盘三级技术分支在墨西哥的专利申请趋势如图 3-22 所示。由底盘的三级技术分支的专利申请趋势可知：驱动桥和万向传动装置的专利申请量一直保持在较低水平，可见传统的传动技术已趋于成熟。悬架和车轮技术从 2011 年开始呈现出总体增长趋势，原因在于，新材料和新能源汽车的逐渐成熟，导致各大厂家投入大量人力和物力研发与之匹配的各项技术分支，可见各厂商已经在底盘的新型技术领域集中发力。

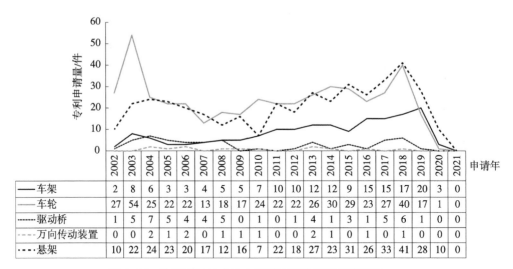

申请年	2002	2003	2004	2005	2006	2007	2008	2009	2010	2011	2012	2013	2014	2015	2016	2017	2018	2019	2020	2021
车架	2	8	6	3	3	4	5	5	7	10	10	12	12	9	15	15	17	20	3	0
车轮	27	54	25	22	22	13	18	17	24	22	22	26	30	29	23	27	40	17	1	0
驱动桥	1	5	7	5	4	4	5	0	1	0	1	4	1	3	1	5	6	1	0	0
万向传动装置	0	0	2	1	2	0	1	1	1	0	0	2	1	0	1	0	1	0	0	0
悬架	10	22	24	23	20	17	12	16	7	22	18	27	23	31	26	33	41	28	10	0

图 3-22 底盘三级技术分支在墨西哥的专利申请趋势

（二）底盘技术专利申请构成分布

底盘二级、三级技术分支的专利申请量在墨西哥的整体分布概况如图 3-23 所示。在二级技术分支方面，底盘专利主要集中在行驶系统和制动系统。汽车行驶系统接受传动系统的动力，通过驱动轮与路面的作用产生牵引力，使汽车正常行驶，并缓和不平路面对车身造成的冲击，保持行驶的平顺性及汽车操纵稳定性。该技术分支的申请量占比达到了 50%，共有 1688 件。汽车制动系统是指对汽车某些部分（主要是车轮）施加一定的力，从而对其进行一定程度上的强制制动的一系列专门装置，制动系统是保证汽车主动安全性的重要因素，人们对汽车的安全性能日益重视，因此其申请量占比达到了 34%，共有 1120 件。此外，转向系统和传动系统分别提交了 337 件和 135 件专利申请，占比分别为 10% 和 4%。三级技术分支方面，在行驶系统中，悬架结构由弹性元件、导向机构以及减震器等组成，个别结构则还有缓冲块、横向稳定杆等；而车轮又是提高汽车行驶性能的重要因素之一，因此，悬架和车轮技术分支申请了较多专利，分别为 605 件和 867 件。在传动系统中，传统汽车的驱动桥和万向传动装置技术已趋于成熟，近年来呈增长趋势是由于各大厂家争先研发适用于新能源汽车的传动系统，表明墨西哥传动系统研发已经由传统的技术领域转向了新能源技术领域。

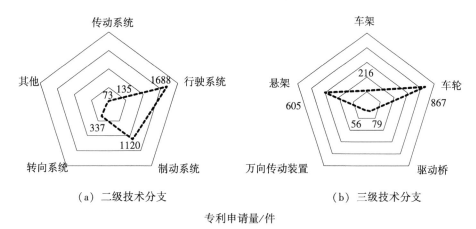

（a）二级技术分支 （b）三级技术分支

专利申请量/件

图 3-23 底盘二级与三级技术分支在墨西哥的专利申请分布概况

传动系统与行驶系统下一级技术分支专利申请量的占比情况如图 3-24 所示。传动系统的三级技术分支申请量相对较少，驱动桥和万向传动装置的申请量分别为 56 件和 79 件。行驶系统技术分支的研究热点主要为悬架和车轮技术，专利申请量占行驶系统总量的 87%；车架技术的专利申请占比较少。

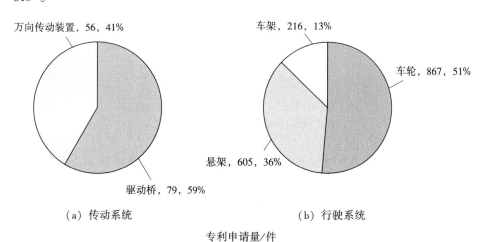

（a）传动系统 （b）行驶系统

专利申请量/件

图 3-24 底盘三级技术分支专利申请量占比

（三）底盘技术主要专利权人分析

为研究墨西哥地区底盘技术领域专利申请人分布状况，图 3-25 示出了墨西哥地区底盘技术专利申请量排名前十位的专利权人，这十家企业底盘技术专利申请量都在 40 件以上。排在首位的本迪克斯专利申请总量为 177 件，占前十位专利权人申请总量的 17%；福特申请总量共计 172 件，占比 16%，位居第二名；排名第三位的是固特异，共提交专利申请 164 件，申请量占比为 15%。而日本车企仅有日产在底盘技术方面的专利申请量进入前十位，为 62 件。

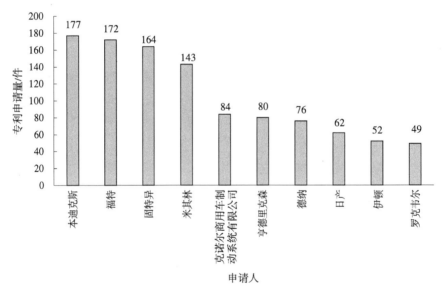

图 3-25　底盘专利申请主要专利权人

墨西哥地区底盘技术领域主要专利申请人的申请趋势如图 3-26 所示。从专利申请趋势可以看出，日产在 2002—2011 年、福特在 2002—2015 年并未在墨西哥申请底盘相关专利，日产的专利申请量在 2015 年达到峰值后呈现明显下降趋势，福特在 2017 年专利申请量增长最明显。本迪克斯、米其林、克诺尔商用车制动系统和亨德里克森的专利申请量波动不大，固特异在 2013 年后、德纳在 2016 年后尚未公开在墨西哥的专利申请，表明上述公司在墨西哥的技术储备完善或已经退出墨西哥市场。

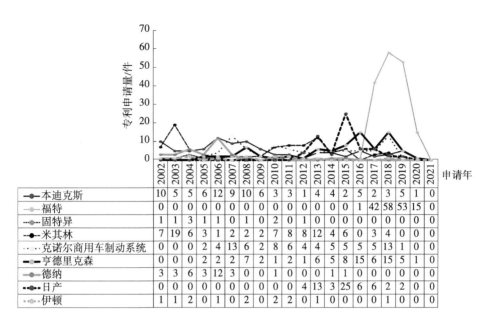

图 3-26　底盘主要专利权人申请趋势

底盘主要专利权人申请概况如表 3-7 所示。从企业 2017—2021 年底盘专利申请量占总量的百分比及申请趋势可以看出，本迪克斯、固特异、米其林、德纳、伊顿等底盘零部件生产研发企业在底盘技术研发领域的活跃度明显下降，福特活跃度提升，日产、克诺尔商用车制动系统与亨德里克森相对平稳。在协同创新方面，仅米其林有 3 件、本迪克斯和日产分别有 1 件合作专利申请。

表 3-7　底盘主要专利权人申请概况

专利权人	申请总量/件	2017—2021 年占总量百分比	专利权人归属国	合作专利数量/件	合作企业
本迪克斯	177	6.2%	美国	1	SOCIETE ANONYME D B A
福特	172	97.7%	美国	0	—
固特异	164	0	美国	0	—
米其林	144	4.9%	法国	3	COMPAGNIE GENERALE DES ETABLISSEMENTS; CLERMONT FERRAND

续表

专利权人	申请总量/件	2017—2021年占总量百分比	专利权人归属国	合作专利数量/件	合作企业
克诺尔商用车制动系统	84	22.6%	德国	0	—
亨德里克森	80	33.7%	美国	0	—
德纳	76	0	美国	0	—
日产	62	16.1%	日本	1	NIPPON AIR BRAKE CO LTD；TOKICO LTD
伊顿	52	1.9%	美国	0	—
罗克韦尔	49	0	美国	0	—

注：罗克韦尔在底盘技术方面申请专利时间较早，2002—2021年没有相关专利申请。

墨西哥底盘领域主要专利权人的技术构成分布情况如图3-27所示。福特、本迪克斯、克诺尔商用车制动系统、伊顿和罗克韦尔的底盘技术研发集中在制动系统；固特异和米其林两家轮胎企业的研发热点则集中在车轮技术分支；亨德里克森的研发热点为悬架，在其他分支中申请量较少；福特涉及的技术分支较多，主要在车架、悬架、制动系统和转向系统方面提交了大量专利申请；日产的研发热点为制动系统和转向系统；德纳的专利申请较为分散，且申请量较少，并未形成核心技术专利组合。

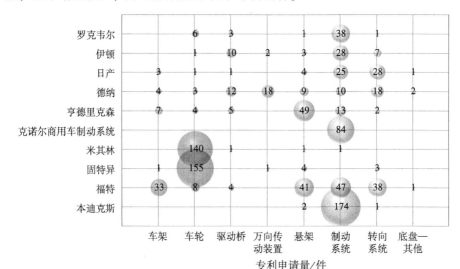

图3-27　底盘主要专利权人技术构成分布

（四）重点高价值专利统计分析

对底盘关键技术进行重点专利分析，有利于企业对底盘核心技术的把握。根据专利申请及其同族的被引频次、布局国家数量、诉讼、许可、转让等因素，综合判断专利的重要性。被引频次一定程度上体现了该专利对后续研发的重要性，布局国家数量、许可、转让等因素表现了该专利的市场价值，诉讼情况体现了专利的稳定性。表3-8与表3-9分别列出了部分底盘关键技术重要专利的概况与详情。

表3-8　底盘技术部分重要专利概况

公开号	专利权人	被引频次	布局国家或地区	是否诉讼	是否许可	是否转让
MXPA02004281A	博世	139	TR, ES, BR, CN, IN, WO, AU, CZ, FR, JP, KR, PL, PT, AT, DE, DK, EP, MX, RU, US	否	否	否
MX2007001411A	克诺尔商用车制动系统有限公司	151	AU, BR, CA, CN, EP, US, AT, DE, IN, MX, JP, WO	否	否	否
MX2012003648A	米其林	83	FR, WO, AU, CA, CN, EP, EA, JP, KR, MX, US, BR, IN	否	否	否
MXPA04012613A	本迪克斯	68	IN, BR, AU, DE, US, CA, CN, MX, WO	否	否	否
MX2013002563A	亨德里克森	43	US, WO, AU, CA, CN, BR, IN, MX	否	否	否
MX358527B	福特	31	US, DE, CN, MX, RU	否	否	否
MX2013004251A	日产	27	CN, EP, MX, US, BR, CA, JP, RU, WO	否	否	否
MX2014000233A	亨德里克森	23	CN, EP, IN, WO, US, AU, BR, MX	否	否	否

表 3-9　底盘技术部分重要专利详情

公开号：MXPA02004281A 专利名称： 摩擦件用的导向弹簧和至少配装一个这种弹簧的盘式制动器 申请日： 2000.10.20	**技术方案：** 涉及一种导向和夹持摩擦件，特别是夹持摩擦垫用的弹簧和一种至少具有一个这种弹簧的盘式制动器。本发明的弹簧（3）包括能与安装在支承架，特别是安装在盘式制动器轭架上的匹配部件协同运行的部件。当弹簧（3）固定在支承架上时，弹簧（3）的部件和支承架的部件彼此配合能保证两者相互锁定。有利的是弹簧（3）只有一端固定在支承架上，与弹簧相对的另一端在安装摩擦件之前处于自由状态，所述另一端最好有较大的间隙
	有益效果： 在对抗受摩擦件通过所述弹簧直接或间接作用于支承架（特别是轭架）的切向冲量时，能保证完成有效的轴向导向，提高制动器的稳定性
公开号：MX2007001411A 专利名称： 用于气动操纵的盘式制动器的调整装置 申请日： 2005.08.03	**技术方案：** 涉及一种用于调整在气动操纵的盘式制动器的制动衬片和制动盘上的摩擦面磨损的调整装置，所述盘式制动器具有一个扭杆操纵的压紧装置，该调整装置优选可以插入盘式制动器的一个旋转轴中，其中，轴向上在一个驱动件如一个控制拨叉（20）的两侧分别设有一个滚动体装置，其中一个设计为具有自由轮功能的球珠斜面离合器（9），所述球珠斜面离合器（9）具有离合器套（10、11）以及锁紧球珠（12），并且从动侧的离合器套（11）支撑在一个用于一个预张弹簧（15）的弹簧套筒（14）上，并且在从动侧的离合器套（11）与所述弹簧套筒（14）之间构成一种离合器类型的锥配合（23、24）
	有益效果： 可以优化制动器结构件并降低成本，提高使用寿命
公开号：MX2012003648A 专利名称： 具有改善刚性的轮胎胎面 申请日： 2010.09.28	**技术方案：** 涉及一种车辆轮胎，包括至少两个磨耗层的胎面，该胎面设有至少一个连续凹槽，连续凹槽包括在原始状态下通到行驶表面的多个外腔和在原始状态下径向上完全位于行驶表面内的多个内腔，连续凹槽的每个外腔通过连续通道连接到同一个凹槽的至少两个内腔，从而保证所述内腔和外腔之间的连续性，胎面还包括多个切口，每个切口将同一个凹槽的两个相继的外腔、至少两个连接通道以及至少一个内腔连接起来
	有益效果： 通过改进胎面的花纹块来提高轮胎耐用的能力，以在雨天中清除路面上的水，提高抗损耗性能

公开号： MXPA04012613A 专利名称： 横向动稳性控制系统 申请日： 2004.12.14	**技术方案：** 一种用于气动操作的车辆制动系统的横向动稳性控制系统，使用更简单的 ABS 硬件而不是更复杂的 EBS 硬件来实施。对于每个制动气室（14、18）或通道（12、16），使用两个 3/2 螺线管控制阀（62、64）。ECU（100）优选地可操作用于将选择的输送压力提供给制动气室而不用测量给制动气室（14、16）的输送压力。在已知压力下将供应空气（20）提供给与制动气室（14）相关联的第一螺线管控制阀（62）；计算从第一个阀（62）提供给定压力的输出而需要的该第一个阀的通电和断电的时间，以及使第一个阀通电和断电所计算的时间，由此使得低压测试脉冲提供给制动气室
	有益效果： 提高制动系统稳定性，降低成本
公开号： MX2013002563A 专利名称： 带有连接板的悬架组件 申请日： 2011.08.31	**技术方案：** 涉及一种连接板，其包括下安装凸缘，该下安装凸缘可拆卸地附接于第一车架吊架以及第二车架吊架，该下安装凸缘包括第一安装孔组，该第一安装孔组对应于第一车架吊架处的安装孔组，其中，下安装凸缘包括第二安装孔组，该第二安装孔组对应于第二车架吊架处的安装孔组，以及延伸部件，该延伸部件具有以与下安装凸缘成一定角度延伸的第一端；以及从延伸部件的第二端延伸的上安装凸缘，其中，上安装凸缘具有适于将连接板附接于车辆的底架的一个或多个安装孔
	有益效果： 提高悬架弹簧的可靠性和稳定性，提高乘坐的舒适性
公开号： MX358527B 专利名称： 交通状况中的车辆控制 申请日： 2016.04.14	**技术方案：** 一种交通状况中的车辆控制。一种车辆可包括转向盘总成、动力传动系统和控制器。转向盘总成可包括接口。控制器可被配置为：响应于车速小于阈值，启用接口以接收驾驶员输入，并响应于在车速小于阈值时接收到的驾驶员输入，操作动力传动系统以受权限范围的约束而增大/减小车速。还包括与所述控制器通信的制动器总成，其中，所述控制器被进一步配置为：响应于在所述接口被启用时经由所述接口输入的第二驾驶员输入，操作所述制动器总成以受第二权限范围约束而减小车辆的速度
	有益效果： 用于自动驾驶领域，实现保持车距、主动刹车等功能

公开号： MX2013004251A **专利名称：** 车辆及其转向操纵控制方法 **申请日：** 2011.11.25	**技术方案：** 涉及一种转向控制方法，线控转向系统，检测方向盘的位移，基于检测结果利用致动器使转向齿条位移，该转向齿条使转向轮进行车轮转向；以及悬架装置，其将所述转向轮悬挂在车体上，所述悬架装置包含有对安装轮胎的轮毂进行支撑的轮毂机构以及将该轮毂机构支撑在车体上的多个连杆部件，且设定为使通过所述连杆部件的上枢轴点和下枢轴点的转向主销轴，在所述方向盘处于中立位置时通过轮胎接地面
	有益效果： 提高车辆用悬架装置的操纵性、稳定性
公开号： MX2014000233A **专利名称：** 车辆悬架和改进的组装方法 **申请日：** 2011.08.17	**技术方案：** 涉及车辆悬架和改进的组装方法。一种车辆悬架包括：附连到弹簧模块上的车架附连部分，弹簧模块具有由两个侧壁、顶壁和底壁限定的开口；以及定位在开口内的弹簧安装件，弹簧安装件的任一侧上有两个剪切弹簧，弹簧安装件包括内侧部分，与内侧部分分开的外侧部分，以及定位在内侧部分或内侧部分中的至少一个中的贯穿孔，其允许带螺纹连接杆穿过，其中，连接杆已经上紧，以将第一弹簧安装件的内侧部分与第一弹簧安装件的外侧部分拉到一起，并且在弹簧安装件的第一侧壁和开口的第一侧壁之间压缩第一剪切弹簧，并且还在弹簧安装件的第二侧壁和弹簧模块的开口的第二侧壁之间压缩第二剪切弹簧
	有益效果： 提高稳定性和行驶质量，延长悬架弹簧的寿命

（五）小结

本节从专利申请趋势、技术分支构成情况以及主要专利权人等维度对汽车底盘关键技术在墨西哥的专利申请情况进行了分析。

从申请趋势上看，底盘关键技术专利申请量有所增加，改变传统的底盘技术向自动化、新能源汽车领域转型升级。企业要在墨西哥地区开拓新能源汽车市场应提前布局底盘技术相关专利，并提高专利侵权防范意识。在底盘关键技术中，专利申请比较活跃的前三个技术分支依次为行驶系统中的车轮和悬架技术分支以及制动系统；发展较为欠缺的技术分支为：传动系统中的万向传动装置及驱动桥技术分支。

在主要申请人方面，底盘技术的主要专利权人主要为来自美国、法国、德国、日本等国家或地区的汽车企业、零配件供应商。整体上，汽车企业所涉及的底盘技术分支较为广泛，尤其是福特；零配件供应商的底盘技术专利申请较为集中于某一技术分支，其中固特异和德纳分别在 2013 年和 2016 年以后尚未公开有墨西哥专利申请，表明上述公司在墨西哥的底盘技术储备完善或已经退出墨西哥市场；此外，日产和福特提交了大量有关新能源汽车底盘技术、自动驾驶底盘技术的专利申请。

进一步明确了热门的底盘三级技术分支的主要专利权人，可参考作为潜在竞争对手或合作伙伴、促进企业协同创新发展。涉及悬架技术分支的主要申请人包括福特和亨德里克森；车轮技术分支的主要专利权人有米其林和固特异；车架技术分支的主要专利权人为福特；万向传动装置和驱动桥技术分支的申请人较为分散，尚未形成有效的专利组合。

四、车身技术

根据初步检索分析，车身技术可进一步分为二级技术分支与三级技术分支，如图 3-28 所示，二级分支为白车身与车身开闭件技术。其中，白车身包括侧围板、门柱、顶盖、地板及/或大梁、挡泥板/翼子板和车轮罩板等三级技术分支；车身开闭件包括车门、车窗、发动机罩或盖等三级技术分支。

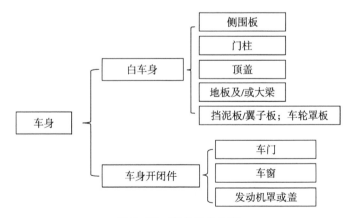

图 3-28　车身技术分支

（一）车身技术专利申请趋势分析

截至 2021 年 12 月，在墨西哥提交的涉及车身技术领域的专利申请共 1200 件。按照年专利申请量统计如图 3-29 所示，车身技术专利在墨西哥的发展可分为三个阶段。第一阶段为 2005 年之前，为墨西哥车身关键技术的专利申请初期，各申请人的申请量较少，年申请量有较小的涨幅，这与 1994 年墨西哥与美国、加拿大签署了北美自由贸易协定有关。该协议规定墨西哥汽车零部件关税保护期限为 10 年，墨西哥为保护本土企业，规定所有墨西哥生产的汽车零配件自制率不得低于 20%。第二阶段为 2006—2011 年，专利年申请量先下降，再保持相对平稳的趋势，年申请量为 17~42 件，原因在于墨西哥生产的汽车大多出口至美国，而 2006 年起美国汽车市场被本田、丰田、日产等日本车企占据。此外，2010—2011 年，受金融危机影响，车身零部件企业处于低潮期。第三阶段为 2012 年以后，该阶段车身技术专利的申请量迅速增长，于 2017 年突破百件，2019 年达到峰值 141 件，其主要原因在于，日本车企、美国车企在墨西哥汽车市场的竞争激烈，两国的车企及车身零部件生产企业逐渐在墨西哥提交大量专利申请，导致车身技术专利申请量大幅提升。由于专利的滞后性，2019—2021 年的部分数据尚未公开，因此，2019—2021 年的专利申请量要大于图 3-29 中统计的申请量。

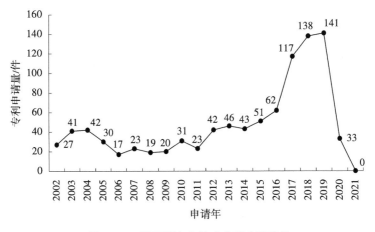

图 3-29　墨西哥车身技术专利申请趋势

车身二级技术分支在墨西哥的专利申请趋势如图 3-30 所示，可以看出车身二级技术分支白车身与车身开闭件技术的年申请量趋势与车身整体发展趋势相似。不同的是，白车身技术分支的专利申请量是在 2017 年达到峰值，为 61 件。此外，车身开闭件技术分支相对于白车身技术分支的专利年申请量整体偏高，在 2018 年，车身开闭件技术专利年申请量最高，为91 件。

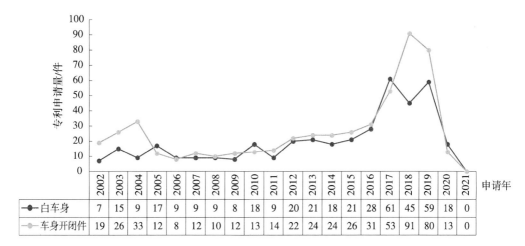

图 3-30 车身二级技术分支在墨西哥的专利申请趋势

申请年	2002	2003	2004	2005	2006	2007	2008	2009	2010	2011	2012	2013	2014	2015	2016	2017	2018	2019	2020	2021
白车身	7	15	9	17	9	9	9	8	18	9	20	21	18	21	28	61	45	59	18	0
车身开闭件	19	26	33	12	8	12	10	12	13	14	22	24	24	26	31	53	91	80	13	0

车身三级技术分支在墨西哥的专利申请趋势如图 3-31 所示。各三级技术分支专利申请在 2012 年以后出现申请量的峰值。车门、车窗技术是 2016—2019 年申请量较高的两个技术分支。地板及/或大梁技术的专利申请量于 2012 年以后有小幅增长，2016—2020 年申请量排名第三位。门柱、顶盖技术的专利申请于 2017 年以后有所增长，2016—2020 年申请量排名第四位和第五位。侧围板、挡泥板/翼子板和车轮罩板、发动机罩或盖技术的专利申请量较少，申请量的涨幅不明显，2016—2019 年的年申请量在 10 件以下。

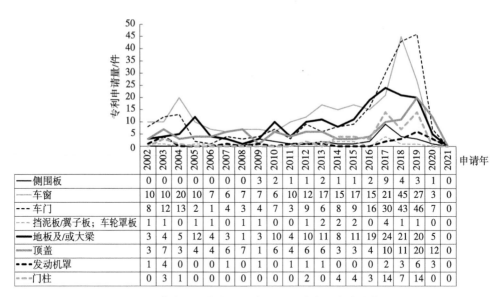

	2002	2003	2004	2005	2006	2007	2008	2009	2010	2011	2012	2013	2014	2015	2016	2017	2018	2019	2020	2021
—— 侧围板	0	0	0	0	0	0	3	2	1	1	2	1	1	2	9	4	3	1	0	0
—— 车窗	10	10	20	10	7	6	7	7	6	10	12	17	15	17	15	21	45	27	3	0
--- 车门	8	12	13	2	1	4	3	4	7	3	9	6	8	9	16	30	43	46	7	0
--- 挡泥板/翼子板；车轮罩板	1	1	0	1	1	0	1	1	0	0	1	2	2	2	0	4	1	1	0	0
—— 地板及/或大梁	3	4	5	12	4	3	1	3	10	4	10	11	8	11	19	24	21	20	5	0
—— 顶盖	3	7	3	4	4	6	7	1	6	4	6	6	3	3	4	10	11	20	12	0
--- 发动机罩	1	4	0	0	0	1	0	1	0	1	1	1	0	0	0	2	3	6	3	0
--- 门柱	0	3	1	0	0	0	0	0	0	0	2	0	4	4	3	14	7	14	0	0

图 3-31　车身三级技术分支在墨西哥的专利申请趋势

（二）车身技术专利申请构成分布

车身二级、三级技术分支在墨西哥的整体分布概况如图 3-32 所示。在车身二级技术构成中，白车身专利申请量共计 486 件；车身开闭件专利申请量共计 690 件，高于白车身技术分支。在车身三级技术构成中，专利申请总量排行前五位的技术分支依次是车窗、车门、地板及/或大梁、顶盖和门柱技术，申请量分别为 379 件、280 件、200 件、168 件和 58 件。其余技术分支的申请量都不超过 40 件，其中挡泥板/翼子板和车轮罩板的申请量最低，仅为 24 件。

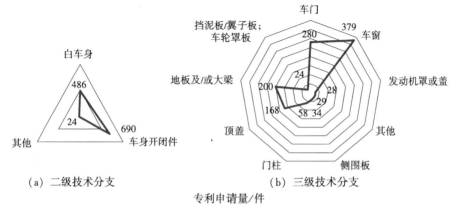

（a）二级技术分支　　　　　　　（b）三级技术分支

专利申请量/件

图 3-32　车身二级技术与三级技术分支专利申请在墨西哥的分布概况

　　白车身与车身开闭件下一级技术分支的专利申请量占比情况如图3-33所示。白车身技术分支的研究热点主要为地板及/或大梁和顶盖技术，专利申请占白车身总量的约76%；侧围板、挡泥板/翼子板和车轮罩板技术的专利申请量占比较小。车身开闭件技术的研发热点为车窗和车门技术，专利申请占车身开闭件总量的约96%，发动机罩或盖约4%，占比最低。

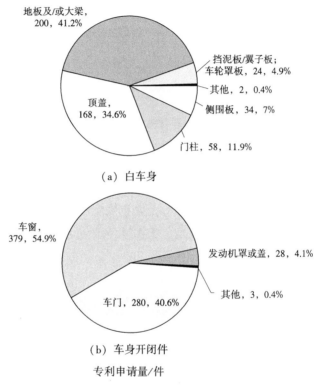

（a）白车身

（b）车身开闭件

专利申请量/件

图3-33　车身三级技术分支专利申请量占比

（三）车身技术主要专利权人分析

　　为研究墨西哥地区车身领域专利申请人分布状况，图3-34列出了墨西哥地区车身技术专利申请量排名前十位的专利权人分布情况，这10家企业车身专利申请都在10件以上。排在首位的福特专利申请总量为265件，占前十位申请总量的46%；圣戈班申请总量共计112件，占比19%，位居第二名；排名第三位的是新日铁住金（NIPPON STEEL & SVMITOMO METAL CORPRA-TION），共提交专利申请46件，申请量占比为8%。而本田、日产和丰田等日本车企在车身技术方面的专利申请量较少，分别为 24 件、16 件和 12 件。

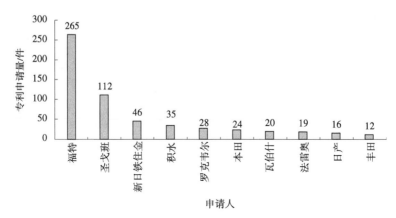

图 3-34　车身技术专利申请主要专利权人

　　墨西哥地区车身技术领域主要专利申请人的申请趋势如图 3-35 所示。从整体上看，可将排名前十位的企业的车身技术专利发展态势划分两个阶段。第一阶段为 2011 年以前，大部分企业在该阶段都呈现了长时间的专利申请空档期；第二阶段为 2012 年以后，为车身技术发展期，表现为企业车身技术专利申请数量激增。

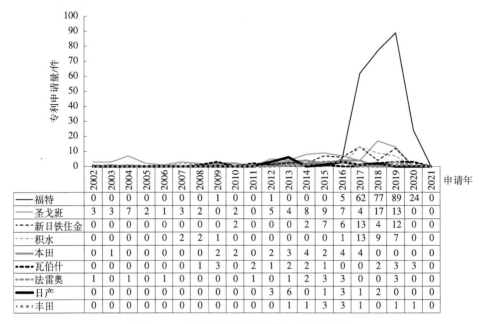

申请年	2002	2003	2004	2005	2006	2007	2008	2009	2010	2011	2012	2013	2014	2015	2016	2017	2018	2019	2020	2021
福特	0	0	0	0	0	0	0	1	0	0	1	0	0	0	5	62	77	89	24	0
圣戈班	3	3	7	2	1	3	2	0	2	0	5	4	8	9	7	4	17	13	0	0
新日铁住金	0	0	0	0	0	0	0	0	2	0	0	0	2	7	6	13	4	12	0	0
积水	0	0	0	0	0	2	2	1	0	0	0	0	0	0	1	13	9	7	0	0
本田	0	1	0	0	0	0	0	2	2	0	2	3	4	2	4	4	0	0	0	0
瓦伯什	0	0	0	0	0	0	1	3	0	2	1	2	2	1	0	0	2	3	3	0
法雷奥	1	0	1	0	1	0	0	0	1	0	1	2	3	3	0	0	0	3	0	0
日产	0	0	0	0	0	0	0	0	0	3	6	0	1	0	3	1	2	0	0	0
丰田	0	0	0	0	0	0	0	0	0	0	1	1	3	3	1	0	1	1	1	0

图 3-35　车身技术主要专利权人申请趋势

福特进入墨西哥市场较早，早在 20 世纪 80 年代就已开始向墨西哥提交专利申请，但 1989—2008 年在车身技术方面处于空档期，其于 2016 年开始加大车身领域的研发力度，其专利申请量逐年递增，总量跃居第一位。

法国圣戈班是在大部分车企车身专利申请空档期时较早萌芽的企业，除 2009 年和 2011 年外，该公司每年均有少量车身技术专利申请，并于 2018 年开始加大研发力度，年申请量达到 10 件以上。

新日铁住金、积水虽在 2017 年之前提交了少量车身技术专利申请，但其间留有较长的空档期。上述两家公司也是在 2017 年投入大量人力和物力，车身技术专利年申请量超过 10 件。

本田、日产、丰田等日本车企在车身领域的专利申请较少，申请趋势无明显波动。

车身主要专利权人申请概况如表 3–10 所示。从企业 2017—2021 年车身专利申请量占总量的百分比及申请趋势可以看出，本田、日产、丰田等日本车企与法雷奥在车身技术研发领域的活跃度明显下降，福特、积水与新日铁住金活跃度提升，圣戈班相对平稳。在协同创新方面，上述主要申请人均未提交合作申请的专利。

表 3–10 车身主要专利权人申请概况

专利权人	申请总量/件	2017—2021 年占总量百分比	专利权人归属国	合作专利数量/件	合作企业
福特	265	95.0%	美国	0	—
圣戈班	112	30.3%	法国	0	—
新日铁住金	46	63.0%	日本	0	—
积水	35	82.8%	日本	0	—
本田	24	16.7%	日本	0	—
瓦伯什	20	40.0%	美国	0	—
法雷奥	19	15.8%	法国	0	—
日产	16	18.7%	日本	0	—
丰田	12	25.0%	日本	0	—

墨西哥车身领域主要专利权人的技术构成分布情况如图 3–36 所示，福特

的车身技术涉及的三级技术分支较多，并在车门、地板及/或大梁、顶盖和车窗等技术领域提交了大量的专利申请，在余下的三级技术分支方面，提交了5~17件不等的专利申请；圣戈班、法雷奥、积水的研发热点均为车窗技术；新日铁住金的研发热点在于门柱和地板及/或大梁技术分支；日产公司的研发侧重于地板及/或大梁技术分支，其他公司涉及的车身技术分支较为分散，且申请量较少，并未形成核心技术专利组合。

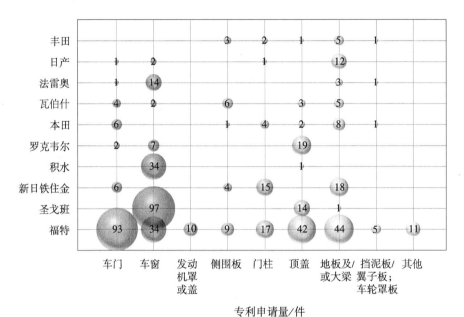

图 3-36　车身主要专利权人技术构成分布

（四）重点高价值专利统计分析

对车身关键技术进行重点专利分析，有利于企业对车身核心技术的把握。根据专利申请及其同族的被引频次、布局国家数量、诉讼、许可、转让等因素，综合判断专利的重要性。被引频次在一定程度上体现了该专利对后续研发的重要性，布局国家数量、许可、转让等因素表现了该专利的市场价值，诉讼等因素体现了专利的稳定性。表 3-11 与表 3-12 分别示出了部分车身关键技术重要专利的概况与详情。

表 3-11　车身技术部分重要专利概况

公开号	专利权人	被引频次	布局国家或地区	是否诉讼	是否许可	是否转让
MXPA02010178A	西卡（SIKA）	242	EP, AT, AU, WO, CA, DE, JP, MX, US	否	否	否
MX345180B	新日铁住金	114	KR, IN, CN, MX, PT, CA, EP, ES, JP, US, AU, BR, EA, WO, ZA	否	否	否
MX2011008831A	日产	105	CA, IN, CN, EP, WO, BR, KR, MX, RU, US, JP	否	否	否
MX2010004536A	本田	68	CN, EP, CA, TW, WO, AT, DE, MX, MY, US	否	否	否
MX2012011491A	日产	35	US, JP, EP, MX, RU, BR, CN, IN, WO	否	否	否
MX2010002012A	本田	34	EP, CA, AT, CN, US, BR, KR, MX, WO	否	否	否
MX2015009573A	丰田	35	WO, CN, EP, JP, US, BR, MX	否	否	否
MXPA04004353A	圣戈班	24	IN, CA, DE, US, ZA, EP, KR, MX, PL, PT, WO, AU, BR, CN, ES, HU, JP, RU, AT	否	否	否
MX2009003837A	福特	22	MX, EP, CN, WO, CA, JP, KR, US	否	否	否
MX2015002949A	丰田	30	EP, US, BR, JP, MX, CN, WO	否	否	否

表 3-12　车身技术部分重要专利详情

公开号：MXPA02010178A 专利名称：挡板和加强组件 申请日：2001.02.22	**技术方案：** 一种组合式挡板和加强组件，是在空腔内设置一种结构件，该加强组件能够安装在 A 柱、B 柱、C 柱中，所述的组件包括一合成载体，它包括一个内部区域、边缘轮圈，以及一个连接件优选地在所述形成用于插入所述对应的孔的一个夹在所述壁的所述结构构件，和一个环绕所述周边周围延伸的加强材料和连续带的所述载体 **有益效果：** 加强轴向强度等效果

公开号： MX345180B 专利名称： 前纵梁 申请日： 2008.03.31	**技术方案：** 一种前纵梁，其包括由筒体构成的本体，该筒体具有闭合截面，并且沿轴向由一个构件构成。该本体包括：从主体的轴向的一端部朝向车身前后方向延伸设置的前端部；与该前端部相连续且沿着前围板向下方倾斜的倾斜部；与该倾斜部相连续且沿着与上述前围板相接合的底板的下表面延伸设置的后端部，其特征在于，上述前端部的一部分是未进行淬火处理的非淬火部，并且该前端部的除了该部分以外的其余部分是经过高频淬火处理的高频淬火部，整个上述倾斜部为经过高频淬火处理的高频淬火部，并且上述后端部的一部分是未经过淬火处理的非淬火部，并且该后端部除了该部分以外的其余部分是经过高频淬火处理的高频淬火部
	有益效果： 通过考虑零部件的形状、载重的输送方向且适当地配置超高强度热处理部和变形促进部位，能得到提高吸收能量的高效率的汽车车身用强度构件
公开号： MX2011008831A 专利名称： 蓄电池搭载构造 申请日： 2010.02.16	**技术方案：** 涉及一种蓄电池搭载构造。在车辆（1）的地板（16）的下侧配置多个蓄电池（3）。设置有第一蓄电池单元（38F）和第二蓄电池单元（38R），该第一蓄电池单元（38F）沿铅垂方向层叠有多个蓄电池（3），该第二蓄电池单元（38R）沿车辆横剖方向层叠有多个蓄电池（3）。在蓄电池（3）的电力所供给的电气装置（12、13、14）的配置与乘客座椅（32F、32R）的配置关系上，通过改进配置第一蓄电池单元（38F）和第二蓄电池单元（38R）的方式，能够使车辆（1）的前后方向的重量平衡最佳化
	有益效果： 利用蓄电池的配置方式来实现车辆的理想的前后方向重量平衡
公开号： MX2010004536A 专利名称： 车身前部构造 申请日： 2008.11.21	**技术方案：** 通过将外侧冲击吸收区段（63）的内侧壁部分（78）定位为比前侧框架（11，12；91）的外侧壁（33，103）更加靠近车身的纵向中心线（48）而构成重叠区段（81），使得碰撞冲击负荷能够通过重叠区段传递至外侧壁部分。内侧冲击吸收区段（62）向前伸出的长度比外侧冲击吸收区段（63）更长。因此，安全气囊展开的加速度阈值 G_s 被设定在内侧冲击吸收区段（62）由于冲击能量而变形时的加速度等级和当内、外侧冲击吸收区段（62，63）变形时的加速度等级之间的范围内
	有益效果： 使得各前侧框架具有足够的刚度以不产生多余的弯曲，并且实现前侧框架的轻量化

续表

公开号： MX2012011491A **专利名称：** 车辆的前部地板下构造 **申请日：** 2011.04.07	**技术方案：** 一种车辆（EV）的前部地板下构造，设置从车辆的前部地板下面向下方突出的突出部件，对行驶中在前部地板下周围流动的行驶风的流动进行整流。使所述突出部件作为配置于前轮（1L、1R）的车辆前方位置且跨过车辆中心线（CL）的前部地板下中央部位置的曲面突出部（31），所述曲面突出部（31）在所述车辆中心线（CL）的位置其车辆前后方向突出周长最长，随着从所述车辆中心线（CL）向车宽方向的两侧离开，其车辆前后方向突出周长逐渐变短
	有益效果： 通过降低行驶中在前部地板下周围流动的行驶风的空气阻力，实现空气动力性能的提高
公开号： MX2010002012A **专利名称：** 汽车的后部车身构造 **申请日：** 2008.05.14	**技术方案：** 提供一种汽车的后部车身构造，能够将备用轮胎配置在车室内，使碰撞时的冲击能量的吸收量增大，提高乘坐者的安全性，并且可靠地保护燃料箱等，因此，在将支承左右后轮的副车架（12）配置在左右下纵梁（2、3）后方而成的汽车的车身构造中，具有：从所述两个下纵梁（2、3）向车身后方延伸的左右一对后侧架（6、7）；后底板（11），形成在所述两后侧架（6、7）之间向下方突出而成的备用轮胎盘（10）；至少一根后中央车架（21、22），沿所述备用轮胎盘（10）的底壁在前后方向上延伸，所述后中央车架（21、22）在所述副车架（12）的部件的后方配置在与所述副车架部件（12）大致同一高度的位置上
	有益效果： 能够将备用轮胎配置在车室内，使碰撞时的冲击能量吸收量增大，提高乘坐者的安全性，并且能够可靠地保护燃料箱等
公开号： MX2015009573A **专利名称：** 车身前部结构 **申请日：** 2014.01.08	**技术方案：** 涉及一种能够防止或抑制前侧梁对碰撞性能的影响并通过将该前侧梁与挡泥板部连结的连结部件来抑制微小外壳碰撞引起的车身变形的车身前部结构。车身前部结构（10）具备：前侧梁（12），在车辆前端形成前凸缘（30）；吸能箱（14），在形成于车辆后端的后凸缘（40）处与前凸缘（30）接合；以及连结部件（46），车辆后端接合于挡泥板部（44），并且形成于车辆前端侧的接合板部（52）以夹于前凸缘（30）与后凸缘（40）之间的状态接合于前凸缘（30），相对于前侧梁（12）位于车宽方向外侧的部分的前端侧以在俯视图中与车辆前侧相比后侧向车宽方向外侧离开前侧梁（12）的方式倾斜
	有益效果： 能够防止或抑制前侧梁对碰撞性能的影响，抑制微小外壳碰撞引起的车身变形的车身前部结构

公开号: MXPA04004353A **专利名称:** 在配件上生产型缘的方法与装置以及装配型缘的窗玻璃 **申请日:** 2002.11.07	**技术方案:** 在配件（1）特别是于窗玻璃上生产由塑料（特别是聚合物）制的型缘的方法，在此方法中使此配件（1）表面的边缘区或侧面区的至少一部分与成形面（7，7'）接触，其中塑料被沉积黏附到此配件没有被成形面接触的表面的至少轮廓部分上，同时所形成的型缘的外部尺寸也由此成形面确定；依据该发明，此成形面（7，7'）是用外形能在流体压力作用下变化的平坦支座（5，5'）压抵到固定的配件（1）的边缘区或侧面区上。这样就能使成形面更好地与此配件的轮廓以及任何的尺寸的偏差相匹配
	有益效果: 提高车窗密封性能，方便组装
公开号: MX2009003837A **专利名称:** 管状B柱和冲压的槛板结合件以及装配二者的方法 **申请日:** 2007.10.09	**技术方案:** 柱和槛板结合组件包括具有靠近所述柱的下端的被挤压的凸缘的管状柱，该柱结合到包括侧梁和槛板加强件的槛板组件。柱和槛板结合组件的结合方法包括：通过柱中的通过口将结构支撑柱焊接到车体外面板，以及将槛板加强件焊接到侧梁来形成车辆结构支撑。通过侧梁中的通过口、车体外面板中的通过口以及与第一通过口竖直地隔开的柱中的通过口，槛板加强件被焊接到所述柱上。B柱的底缘被焊接到槛板加强件的下边缘凸缘和侧梁的下边缘凸缘上
	有益效果: 提高碰撞安全性、降噪、优化振动和不平顺性（NVH）的性能
公开号: MX2015002949A **专利名称:** 车身前部结构 **申请日:** 2013.09.03	**技术方案:** 涉及一种车身前部结构（10），具备：前侧面构件（12），其沿着车身前后方向而被配置于车身前部中的车辆宽度方向外侧；凸起部件（30），其以如下方式被设置于前侧面构件（12）的外侧壁（12A）上，即与该外侧壁（12A）相比向车辆宽度方向外侧突出，且在俯视观察时所述凸起部件（30）的后端部与动力单元（22）的车身前方侧端部（22A）相比位于车身后方侧，其中，所述动力单元（22）被配置于所述前侧面构件（12）的车辆宽度方向内侧
	有益效果: 能够在微小重叠碰撞时对车辆高效地产生横向力；在完全重叠碰撞时或偏心碰撞时，能够通过碰撞盒来吸收被输入的碰撞荷载的一部分；能够抑制凸起部件的局部崩溃的情况，并能够抑制由凸起部件造成的荷载传递效率下降的情况；在完全重叠碰撞时或偏心碰撞时，能够抑制由前侧面构件的轴向压缩变形造成的能量吸收效率的下降；能够很容易地将因微小重叠碰撞而产生的横向力向碰撞相反侧进行传递；能够对车辆高效地产生横向力

（五）小结

本节从专利申请趋势、技术分支构成情况以及主要专利权人等维度，对汽车车身关键技术在墨西哥的专利申请情况进行了分析。

从申请趋势上看，2017—2019 年是车身关键技术专利申请的热潮期。企业要在墨西哥地区开拓市场，应注意绕开车身技术的专利壁垒，提高专利侵权防范意识。在车身关键技术中，专利申请比较活跃的前三个技术分支依次为车门、车窗、地板及/或大梁；发展较为欠缺的技术分支为侧围板、挡泥板/翼子板和车轮罩板、发动机罩。

在主要申请人方面，车身技术的主要专利权人主要为来自美国、日本、法国等地区的汽车企业、钢铁厂或零配件供应商。从整体上看，汽车企业所涉及的车身技术分支专利申请较为广泛，尤其是福特；钢铁厂与零配件供应商的车身技术专利申请较为集中于某一技术分支。

进一步明确了热门的车身三级技术分支的主要专利权人，可参考作为潜在竞争对手或合作伙伴，促进企业协同创新发展。车门技术分支的主要专利权人为福特；车窗技术分支的主要专利权人有圣戈班、福特和积水；地板及/或大梁技术分支的主要专利权人有福特、新日铁住金和日产。

五、内外饰技术

根据初步检索分析，内外饰技术可进一步分为二级技术分支与三级技术分支，如图 3-37 所示。二级技术分支分为车身外饰与车身内饰技术。其中，车身外饰包括保险杠、后视镜、扰流板、车灯、散热器格栅等三级技术分支；车身内饰包括仪表板和中控台、遮阳板及内饰板、座椅等三级技术分支。

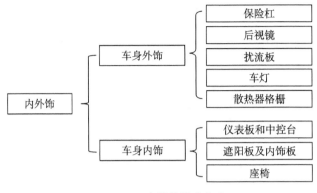

图 3-37　内外饰技术分支

（一）内外饰技术专利申请趋势分析

截至 2021 年 12 月，在墨西哥提交的涉及内外饰技术领域的专利申请共 1755 件。年专利申请量初步统计如图 3-38 所示，内外饰技术专利申请在墨西哥的发展可分为三个阶段。第一阶段是 2016 年以前，可以看出，此阶段墨西哥汽车行业对内外饰的重视程度还不高，正处于内外饰专利申请探索发展期，内外饰专利申请量缓慢增长，但是年专利申请量均未超过 80 件。第二阶段是 2017—2019 年，这一时期内外饰专利申请迅猛发展，由于在 2014 年新政府执政后，墨西哥政府、企业界和工会组织联手推出了包含 20 余项措施的制造业与汽车业发展计划，该政策刺激了墨西哥本土汽车企业及外资车企对汽车研发的投入和墨西哥汽车市场开拓，从而带动了汽车专利申请等相关知识产权保护行为。该政策包括的发展计划使得专利申请效果得到凸显，2017—2019 年每年的申请量均突破 200 件，并在 2018 年达到历史峰值 238 件。第三阶段是 2020 年以后，年申请量有所降低，但因存在部分专利申请公开滞后的现象，2020 年与 2021 年的专利申请数量统计并不全面。

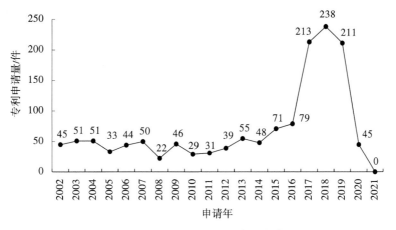

图 3-38　墨西哥内外饰技术专利申请趋势

内外饰二级技术分支在墨西哥的专利申请趋势如图 3-39 所示，可以看出内外饰二级技术分支车身内饰、车身外饰技术的年申请量趋势相似，且与内外饰整体发展趋势相似。不同的是，车身外饰技术分支的专利申请量是在 2019 年达到历史峰值，为 137 件；而车身内饰技术分支的专利申请量在 2019 年有所下降。

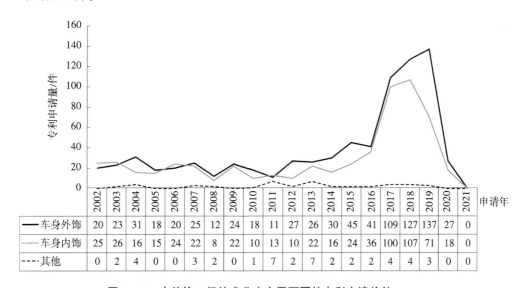

	2002	2003	2004	2005	2006	2007	2008	2009	2010	2011	2012	2013	2014	2015	2016	2017	2018	2019	2020	2021
车身外饰	20	23	31	18	20	25	12	24	18	11	27	26	30	45	41	109	127	137	27	0
车身内饰	25	26	16	15	24	22	8	22	10	13	10	22	16	24	36	100	107	71	18	0
其他	0	2	4	0	0	3	2	0	1	7	2	7	2	2	2	4	4	3	0	0

图 3-39　内外饰二级技术分支在墨西哥的专利申请趋势

内外饰三级技术分支在墨西哥的专利申请趋势如图 3-40 所示，各三级技术分支专利申请均在 2017—2019 年出现峰值。在车身外饰中，车灯技术在 2013 年以前的低潮期专利申请量较为平缓，之后申请数量增长幅度较大，是在 2017—2021 年申请量最高的技术分支，在 2019 年达到了峰值 91 件。在车身内饰中，座椅技术的专利在 2018 年达到 59 件的峰值，跃居 2017—2021 年申请量第二位。遮阳板及内饰板技术、保险杠技术虽然专利申请起步较早，但在 2016 年以前专利年申请量都不超过 20 件，2017 年以后略有上升，申请量分别排在第三位和第四位；其余四个技术分支，包括后视镜、扰流板、散热器格栅、仪表板和中控台技术，以及车身内外饰的其他技术，专利申请发展缓慢，年申请量大多低于 10 件。

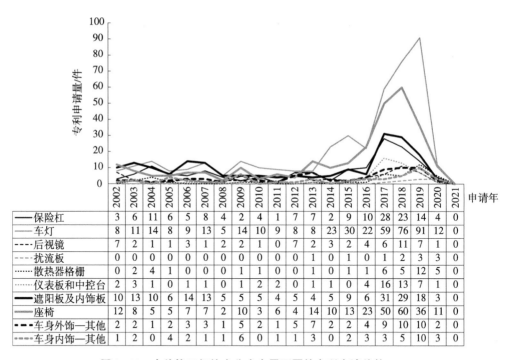

	2002	2003	2004	2005	2006	2007	2008	2009	2010	2011	2012	2013	2014	2015	2016	2017	2018	2019	2020	2021
保险杠	3	6	11	6	5	8	4	2	4	1	7	7	2	9	10	28	23	14	4	0
车灯	8	11	14	8	9	13	5	14	10	9	8	8	23	30	22	59	76	91	12	0
后视镜	7	2	1	1	3	1	2	2	1	0	7	2	3	2	4	6	11	7	1	0
扰流板	0	0	0	0	0	0	0	0	0	0	0	1	0	1	0	1	2	3	3	0
散热器格栅	0	2	4	1	0	0	0	1	1	0	0	1	0	1	1	6	5	12	5	0
仪表板和中控台	2	3	1	0	1	1	0	1	2	2	0	1	1	0	4	16	13	7	1	0
遮阳板及内饰板	10	13	10	6	14	13	5	5	5	4	5	4	5	9	6	31	29	18	3	0
座椅	12	8	5	5	7	7	2	10	3	6	4	14	10	13	23	50	60	36	11	0
车身外饰—其他	2	2	1	2	3	3	1	5	2	1	5	7	2	2	4	9	10	10	2	0
车身内饰—其他	1	2	0	4	2	1	1	6	0	1	1	3	0	2	3	3	5	10	3	0

图 3-40　内外饰三级技术分支在墨西哥的专利申请趋势

（二）内外饰技术专利申请构成分布

内外饰二级、三级技术分支在墨西哥的整体分布概况如图 3-41 所示，在内外饰二级技术构成中，车身外饰专利申请总量共计 927 件，车身内饰专利申请总量共计 763 件，车身外饰的申请量略高于车身内饰。

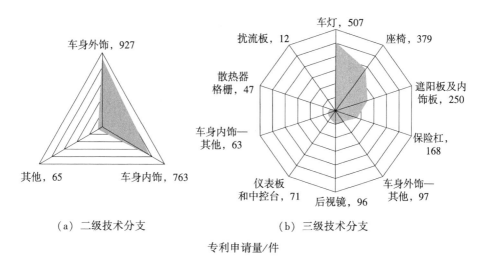

（a）二级技术分支　　　（b）三级技术分支

专利申请量/件

图 3-41　内外饰二级技术与三级技术分支专利申请在墨西哥的整体分布概况

　　内外饰的三级分支专利申请量占比分布如图 3-42 所示，在内外饰三级技术构成中，专利申请总量排名前三位的技术分支依次是车灯、座椅、遮阳板及内饰板技术，申请量分别为 507 件、379 件及 250 件。其余技术分支的专利申请量在 200 件以下，其中扰流板的申请量最低，仅为 12 件。可见，车身外饰技术分支的研究热点主要为车灯技术，专利申请量占车身外饰总量的约 30%；其次为保险杠技术，占比 9.9%；其余车身外饰技术的专利申请占比都不超过 10%，扰流板的占比最低，为 0.7%。车身内饰技术的研发热点为座椅技术，专利申请量占车身内饰总量的 22.4%；遮阳板及内饰板次之，占比 14.8%；仪表板和中控台为 4.2%。目前，后视镜、仪表板和中控台、散热器格栅、扰流板技术留有较大的专利布局空间。除了已明确的三级技术分支，其他车身内外饰专利申请也占有较大的比重，其中车身外饰其他的技术专利申请量占车身外饰的 5.7%，车身内饰其他技术的专利申请量占车身内饰的 3.7%。

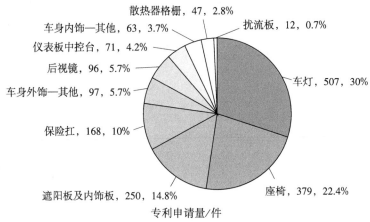

图3-42　内外饰三级技术分支专利申请量占比

（三）内外饰技术主要专利权人分析

为研究墨西哥地区内外饰领域专利申请人分布状况，本书按照专利申请量和占比对专利权人进行了统计排名。图3-43示出了墨西哥地区内外饰专利申请量排名前五位的专利权人分布情况，这十家企业内外饰专利申请都在20件以上。排在首位的福特专利申请总量为568件，占前十位专利权人申请总量的32%；圣戈班申请总量共计47件，占比3%，位居第二位；排名第三位的是日产，共提交专利申请29件，申请量占比为2%。可以看出，福特在内外饰领域中布局了较多专利。

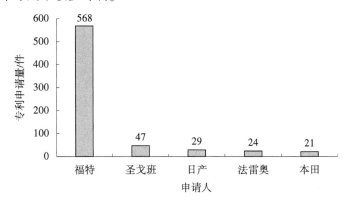

图3-43　内外饰专利申请主要专利权人

墨西哥地区内外饰领域主要专利申请人的申请趋势如图3-44所示。从整体上可以看出，福特在2016年以后对内外饰技术进行了大量的专利布局，大幅超过了其余的申请人，是墨西哥地区最注重内外饰技术的厂商。

福特是较早进入墨西哥市场的汽车企业，但是关于内外饰的专利申请起步较晚，从申请趋势图可以看出，2014 年以前，福特没有在墨西哥提交内外饰相关的专利申请，处于空档期，2015 年才开始加大内外饰领域的研发力度。2016 年以后，福特在内外饰领域展现了良好的研发势头，在墨西哥大量布局内外饰专利，专利申请量持续性增长，2018 年申请了 181 件，申请量在内外饰申请人中排名第一位。

圣戈班是对内外饰技术较早投入研发的企业。圣戈班于 2010 年开始，每年的内外饰年专利申请量较为平稳，维持在 10 件以内。

法雷奥从 2004 年以后陆续有内外饰专利申请，年申请量低于 5 件。

日产的内外饰技术是在 2012—2018 年发展起来的，但是在此期间，日产内外饰技术发展较为不稳定，申请量呈锯齿形波动。

内外饰主要专利权人加大对内外饰技术研发投入的行为，很大原因是受到墨西哥政府的汽车产业政策和墨西哥汽车市场需求的影响。另一个重要因素可能是福特在墨西哥受到侵权起诉，导致这些意图进入墨西哥市场的车企调整研发力量，在内外饰领域进行攻克或防守，形成企业产品技术优势专利，掌握自主知识产权，为占据墨西哥市场打下良好基石。

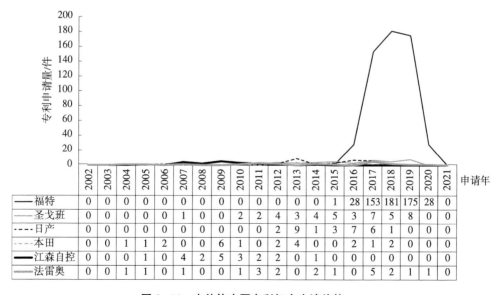

	2002	2003	2004	2005	2006	2007	2008	2009	2010	2011	2012	2013	2014	2015	2016	2017	2018	2019	2020	2021
福特	0	0	0	0	0	0	0	0	0	0	0	0	1	28	153	181	175	28	0	
圣戈班	0	0	0	0	0	1	0	0	2	2	4	3	4	5	3	7	5	8	0	0
日产	0	0	0	0	0	0	0	0	0	0	2	9	1	3	7	6	1	0	0	0
本田	0	0	1	1	2	0	0	6	1	0	2	4	0	0	2	1	2	0	0	0
江森自控	0	0	0	1	0	4	2	5	3	2	2	0	1	0	0	0	0	0	0	0
法雷奥	0	0	1	1	0	1	0	0	1	3	2	0	2	1	0	5	2	1	1	0

图 3-44 内外饰主要专利权人申请趋势

内外饰主要专利权人申请概况如表 3-13 所示。从企业 2017—2021 年内外饰专利申请量占各企业专利申请总量的百分比和申请趋势可以看出，福特活跃度最高，欧拓、新日铁柱金次之，江森自控活跃度最低。在协同创新方面，活跃的公司均无联合合作开发。

表 3-13　内外饰主要专利权人申请概况

专利权人	申请总量 /件	2017—2021 年 占总量百分比	专利权人 归属国	合作专利 数量/件	合作企业
福特	568	94.5%	美国	0	—
圣戈班	47	42.6%	法国	0	—
日产	29	24.1%	日本	0	—
本田	22	13.6%	日本	0	—
法雷奥	24	37.5%	法国	0	—
江森自控	20	0	美国	0	—
欧拓	18	61.1%	瑞士	0	—
新日铁柱金	12	58.3%	日本	0	—

墨西哥地区内外饰领域主要专利权人的技术构成分布情况如图 3-45 所示，福特对内外饰技术的每个技术领域均有涉及，优势主要在车灯与座椅技术分支。圣戈班主要活跃于车灯技术分支；本田的研发热点同为车灯与座椅技术分支。法雷奥的研发热点则是座椅技术分支。

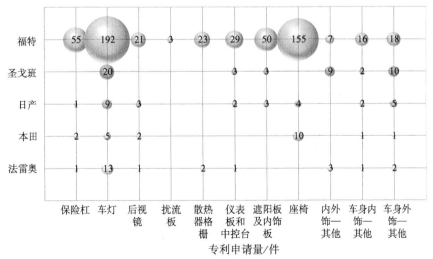

图 3-45　内外饰主要专利权人技术构成分布

（四）重点高价值专利统计分析

对内外饰关键技术进行重点专利分析，有利于企业对内外饰核心技术的把握。根据专利申请及其同族的被引频次、布局国家数量、诉讼、许可、转让等因素，综合判断专利的重要性。被引频次从一定程度上体现了该专利对后续研发的重要性，布局国家数量、许可、转让等因素表现了该专利的市场价值，诉讼等因素体现了专利的稳定性。表 3-14 与表 3-15 分别示出了部分内外饰关键技术重要专利的概况与详情。

表 3-14　内外饰技术部分重要专利概况

公开号	专利权人	被引频次	布局国家或地区	是否诉讼	是否许可	是否转让
MX2016005451A	福特	191	US, DE, BR, CN, MX, RU	否	否	否
MX2014013810A	福特	177	US, DE, CN, MX, RU	否	否	否
MX2008011219A	金泰克斯	105	WO, JP, EP, KR, CA, CN, MX, AT	否	否	否
MXPA04012007A	奈特夏普	135	WO, US, EP, JP, AU, CA, CN, MX	否	否	否
MX2010007071A	本田	29	CA, AT, EP, RU, CN, JP, MX, US	否	否	否
MX2014015060A	福特	31	BR, CN, RU, US, DE, MX	否	否	否
MX2014004940A	日产	100	MX, EP, JP, RU, BR, CN, US, WO	否	否	否
MX2008012140A	江森自控	28	JP, WO, CN, EP, MX, KR	否	否	否
MX2015004277A	福特	28	US, DE, BR, CN, MX, RU, TR	否	否	否
MX2013006082A	圣戈班	31	EP, FR, EA, MX, PT, CA, CN, DK, ES, JP, KR, US, IN, WO	否	否	否

表3-15　内外饰技术部分重要专利详情

公开号： MX2016005451A 专利名称： 用于车辆的发光组件 申请日： 2016.04.27	技术方案： 提供一种用于车辆的发光总成。该发光总成包括第一、第二和第三光源以及具有第一、第二和第三光致发光材料的光致发光结构。该第一、第二和第三光致发光材料配置为分别响应于被第一、第二和第三光源发射的光激发而发光
	有益效果： 使用光致发光结构的车辆照明系统提供了独特且吸引人的视觉体验
公开号： MX2014013810A 专利名称： 车辆照明系统具有光致发光结构 申请日： 2014.11.13	技术方案： 提供了一种车辆照明系统，其包括车辆固定装置、用于发射至少一种输入电磁辐射的激励源，以及耦接到车辆固定装置的光致发光结构。光致发光结构包括具有至少一种构造用以将至少一种输入电磁辐射转换为至少一种输出电磁辐射的光致发光材料的能量转换层
	有益效果： 由光致发光结构引起的照明系统提供了独特且吸引人的视觉体验。因此，在车辆照明系统中包含这种光致发光结构以提供周围环境和工作照明
公开号： MX2008011219A 专利名称： 包括高强度显示器的车辆后视组件 申请日： 2007.03.09	技术方案： 用于车辆的后视组件（10）可包括镜元件（30）和包括光管理子组件（101b）的显示器。该子组件可包括设置在镜元件的透反层后方的LCD。尽管透反层的透射率较低，但该发明的显示器能够生成强度至少为 250 cd/m^2 且可高达 3500 cd/m^2 的可视显示图像。显示器包括新型的背光子组件（116）和新型的光学部件，光学部件包括放大系统（119）、消偏振器（121）、反射器（115）和反射偏振器（103b）。显示器可构造成显示边缘轮廓与镜元件边缘对应的图像
	有益效果： 提出在后视镜组件中设置倒车辅助显示器，使驾驶员易于同时观看镜元件和倒车辅助显示器提供的图像

续表

公开号： MXPA04012007A 专利名称： 带有整体能量吸收器和横梁的保险杠 申请日： 2003.06.06	**技术方案：** 一种保险杠系统，包括带有扁平端部的一管状横梁，还包括具有一后表面的能量吸收器，该后表面带有一凹槽，该凹槽以嵌套关系配合地接纳管状横梁，该凹槽也包括接合所述扁平端部的平的配合表面。支座接合扁平端部的后部，紧固件将管状横梁和能量吸收器固定在支座上。在一个变型的保险杠系统中，能量吸收器上的角部被成形在车辆角部冲击时滑动地接合支座侧面，同时接合横梁的一端。在另一变型的保险杠系统中，管状横梁的偏置的两端配合在能量吸收器中的凹槽内，其角部处于车辆支座之间
	有益效果： 保险杠系统包括能量阻尼器，该能量阻尼器具有在车辆的发动机罩前面的区域中支撑车辆的前仪表板的部分。使得车辆的前端支撑结构得以简化，从仪表板上去除支撑柱，通过消除在散热器的横向支撑件上向前延伸的凸缘，减小对散热器的支撑件横截面的阻力要求
公开号： MX2010007071A 专利名称： 车用座椅组件和包括该座椅组件的车辆 申请日： 2010.06.24	**技术方案：** 一种车辆，包括车体结构、货物台和车用座椅组件。车体结构限定了地板的轮廓。车用座椅组件包括左支腿件、右支腿件、支撑件、座椅靠背和盖板。支撑件连接到左右支腿件。座椅靠背与左右支腿件通过枢轴连接。该座椅靠背可在直立位置和货物支撑位置之间枢转。盖板与支撑件连接，并且在收藏位置和桥接位置之间可动。当座椅靠背位于货物支撑位置而盖板处于桥接位置时，支撑件为盖板提供下方的支撑，并且货物台、盖板和座椅靠背配合以提供基本为平面的载货支撑面
	有益效果： 防止在后座椅向前折叠时，后座椅与后货物台之间暴露出间隙，导致放置在后货物区中的小的货物可能会落入该间隙中
公开号： MX2014015060A 专利名称： 枢转且斜倚的车辆座椅总成 申请日： 2014.12.09	**技术方案：** 一种车辆座椅总成，包括座椅靠背和与座椅靠背枢转地耦接的座椅底座。上部连杆枢转地耦接在座椅靠背的上部和后部支承之间。前部连杆和后部连杆枢转地耦接在座椅底座和地板之间。前部连杆的底端可于地板上在前部位置和后部位置之间移动，以分别在斜倚位置和垂直位置之间调节座椅靠背
	有益效果： 能够提高车辆储存容量、改善后部座椅可达性以及整体减小车辆座椅总成的总体体积，同时改善乘员的舒适度并提供附加的座椅调节

公开号： MX2014004940A 专利名称： 影像显示后视镜及影像显示后视镜系统 申请日： 2012.10.29	**技术方案：** 影像显示后视镜具有半反射镜（21）、监视器（22）和联动机构（23）。半反射镜（21）用于使车上乘客观察车辆后方。监视器（22）设置在与半反射镜（21）接近的车辆前方的位置。联动机构（23）与在监视器（22）上进行影像显示的情况联动，使半反射镜（21）反射面的角度从观察车辆后方时的半反射镜（21）的位置开始变化
	有益效果： 提供一种能够减少使车上乘客因半反射镜反射的光而感到的杂乱，提高在监视器上显示的影像的识别性的影像显示后视镜及影像显示后视镜系统
公开号： MX2008012140A 专利名称： 车辆座椅导轨 申请日： 2007.03.23	**技术方案：** 一种用于车辆座椅的导轨组件，包括第一导轨构件和增强构件。第一导轨构件具有第一部分，该第一部分限定被构型为容纳锁定装置的第一组孔。增强构件，可以是板形式的，连接到第一部分并且限定与第一组孔对应的第二组孔。该第二组孔也被构型为容纳锁定装置。该增强构件被构型为围绕该第一组孔以及该第一组孔之间的区域内增强第一导轨构件
	有益效果： 提供一种适于满足不同强度要求的、更可靠的、更被广泛接受的座椅导轨系统或装置
公开号： MX2015004277A 专利名称： 具有手动独立大腿支承件的车辆座椅总成 申请日： 2015.04.01	**技术方案：** 一种车辆座椅总成，包含座椅底座。第一和第二独立大腿支承件枢转地耦接至座椅底座。支承杆延伸到第一和第二独立大腿支承件之下并且通过垫圈部件和支架耦接到每个第一和第二独立大腿支承件。第一弹簧部件包括与第一独立大腿支承件的底部邻接的主体部分并且包括与支承杆接合的支柱。第一弹簧部件使第一独立大腿支承件偏置到升高的位置。第二弹簧部件包括与第二独立大腿支承件的底部邻接的主体部分并且包括与支承杆接合的支柱。第二弹簧部件使第二独立大腿支承件偏置到升高的位置
	有益效果： 提供适应不同体型的驾驶员和乘客以及那些驾驶员和乘客的期望姿势和坐姿的车辆座椅总成

公开号： MX2013006082A 专利名称： 平视显示系统用的层压玻璃板 申请日： 2011.11.30	**技术方案：** 涉及一种用于信息显示的层压玻璃板，可以作为汽车挡风玻璃或建筑窗玻璃。所述玻璃板包含通过可热成型材料夹层或通过包含这种夹层的多层片材彼此接合的至少两个无机玻璃或坚实有机材料的透明片材的组装件，其中所述玻璃板的特征在于将与抗氧化添加剂结合的羟基对苯二甲酸酯类型的发光物质材料并入所述夹层中，由此允许实现所述显示。该发明还涉及在透明玻璃板上显示图像的装置，其包含上述层压玻璃板和产生其辐射为 350~410nm 的激光类型的集中 UV 辐射的源，将该 UV 辐射引导向所述一个或多个包含羟基对苯二甲酸酯类型的发光体层的玻璃板区域上
	有益效果： 提供激发亮度高且寿命长的显示玻璃板

（五）小结

本节从专利申请趋势、技术分支构成情况以及主要专利权人等维度对汽车内外饰关键技术在墨西哥的专利申请情况进行了分析。

从申请趋势上看，2017—2019 年是内外饰关键技术专利申请的热潮期。企业要在墨西哥地区开拓市场，应注意绕开内外饰技术的专利壁垒，提高专利侵权防范意识。在内外饰关键技术中，专利申请比较活跃的前三个技术分支依次为车灯、座椅、遮阳板及内饰板，发展较为欠缺的技术分支为扰流板、散热器格栅。

同时，根据统计，内外饰技术的主要专利权人主要为来自美国、日本及法国等地区的汽车企业或零配件供应商。从整体上看，汽车企业所涉及的内外饰技术分支专利申请较为广泛；零配件供应商的内外饰专利申请都较为集中于某一技术分支；排名第一位的福特，专利申请量遥遥领先于其他竞争对手，主要涉及车灯技术和座椅技术，其他申请人涉及的技术分支较为单一，如圣戈班、日产和丰田的研发优势在于车灯，法雷奥的研发优势在于座椅。

进一步明确了热门的内外饰三级技术分支的主要专利权人，可参考作为潜在竞争对手或合作伙伴，促进企业协同创新发展。内外饰技术分支的主要专利权人有福特、圣戈班及日产；其中福特的内外饰专利申请量远多于其他公司。

六、电子电器技术

根据初步检索分析，电子电器技术可进一步分为二级技术分支与三级技术分支，如图 3-46 所示。二级技术分支分为电器系统与电子信息技术。其中，电器系统包括导电线缆、开关及继电器、雨刮系统/洗涤系统、喇叭（蜗牛/盆形喇叭、机械/电子喇叭）、倒车辅助系统/行人警示装置（AVAS/低速行驶行人警示器）/倒车蜂鸣器/倒车雷达/倒车影像、12V 铅酸电池系统（非新能源）、电源插座、智能蓄电池传感器（IBS）等三级技术分支；电子信息技术包括车身控制器（BCM）、无钥匙系统（PEPS）、胎压监测系统（TPMS）、雨量光照传感器（RLS）、无线充电模块（WPC）、网关、自动泊车、导航/多媒体/CD 机、扬声器/麦克风、天线、电子钟、车联网终端（TBOX）等三级技术分支。

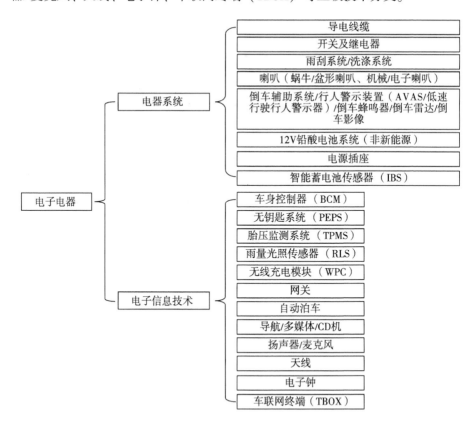

图 3-46　电子电器技术分支

（一）电子电器技术专利申请趋势分析

截至 2021 年 12 月，在墨西哥提交的涉及电子电器技术领域的专利申请共 2038 件。年专利申请量初步统计如图 3-47 所示，电子电器技术专利申请在墨西哥的发展可分为三个阶段。第一阶段是 2014 年以前，处于电子电器技术专利申请探索期，电子电器技术专利申请量缓慢增长，但是年专利申请量均未超过 70 件。第二阶段是 2015—2019 年，电子电器技术专利申请迅猛发展。由于在 2014 年新政府执政后，墨西哥政府、企业界和工会组织联手推出了包含 20 余项措施的制造业与汽车业发展计划，该政策刺激了墨西哥本土汽车企业及外资车企对汽车研发的投入和墨西哥汽车市场的开拓，从而带动了汽车专利申请等相关知识产权保护行为，2017—2019 年年专利申请量均突破 200 件，并在 2017 年和 2019 年分别达到历史峰值 280 件。第三阶段是 2020 年以后，年专利申请量有所降低，但因存在部分专利申请公开滞后的现象，2020 年与 2021 年的专利申请量统计并不全面。

图 3-47　墨西哥电子电器技术专利申请趋势

电子电器二级技术分支在墨西哥的专利申请趋势如图 3-48 所示，可以看出电子电器二级技术分支中，电子信息技术与电器系统的年申请趋势、发展趋势相近，两者都是在 2016—2019 年申请较多。不同的是，电器系统分支热度回落得较早，专利申请量在 2019 年就开始减少；而电子信息技术分支的专利申请量在 2019 年还保持在峰值，此现象产生的原因也可能是部分专利申请公开滞后。

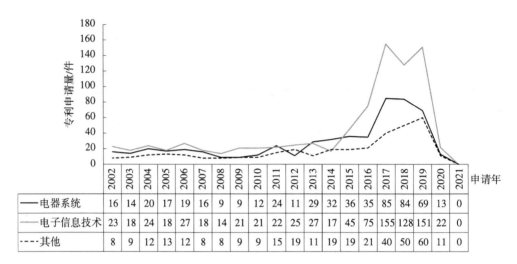

申请年	2002	2003	2004	2005	2006	2007	2008	2009	2010	2011	2012	2013	2014	2015	2016	2017	2018	2019	2020	2021
——电器系统	16	14	20	17	19	16	9	9	12	24	11	29	32	36	35	85	84	69	13	0
——电子信息技术	23	18	24	18	27	18	14	21	21	22	25	27	17	45	75	155	128	151	22	0
----其他	8	9	12	13	12	8	8	9	9	15	11	11	19	19	21	40	50	60	11	0

图 3-48　电子电器二级技术分支在墨西哥的专利申请趋势

　　电子电器三级技术分支在墨西哥的专利申请趋势如图 3-49 所示，导航/多媒体/CD 机技术的专利申请量在 2017 年达到 98 件。在 2015—2019 年导航/多媒体/CD 机技术为研发热点。车身控制器（BCM）、雨刮系统/洗涤系统、倒车辅助系统/行人警示装置（AVAS/低速行驶行人警示器）/倒车蜂鸣器/倒车雷达/倒车影像、开关及继电器的专利申请量依次排名第二名至第五名，其申请趋势大致相似，起步较早。专利申请量最低的几个技术分支，包括电子钟、雨量光照传感器（RLS）、智能蓄电池传感器（IBS）等，专利申请发展缓慢，年申请量均低于 5 件。

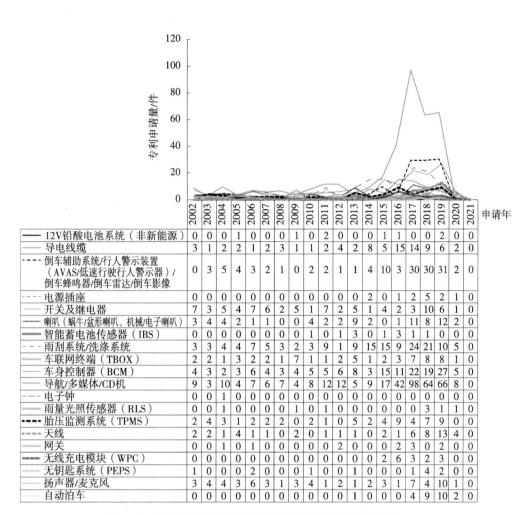

	2002	2003	2004	2005	2006	2007	2008	2009	2010	2011	2012	2013	2014	2015	2016	2017	2018	2019	2020	2021
── 12V铅酸电池系统（非新能源）	0	0	0	1	0	0	0	1	0	2	0	0	0	1	1	0	0	2	0	0
导电线缆	3	1	2	2	1	2	3	1	1	2	4	2	8	5	15	14	9	6	2	0
─ ─ 倒车辅助系统/行人警示装置（AVAS/低速行驶行人警示器）/倒车蜂鸣器/倒车雷达/倒车影像	0	3	5	4	3	2	1	0	2	2	1	1	4	10	3	30	30	31	2	0
─ ─ ─ 电源插座	0	0	0	0	0	0	0	0	0	0	0	0	2	0	1	2	5	2	1	0
开关及继电器	7	3	5	4	7	6	2	5	1	7	2	5	1	4	2	3	10	6	1	0
喇叭（蜗牛/盆形喇叭、机械/电子喇叭）	3	4	4	2	1	1	0	0	4	2	2	9	2	0	1	1	8	12	2	0
── 智能蓄电池传感器（IBS）	0	0	0	0	0	0	0	0	1	0	1	3	0	1	3	1	1	0	0	0
─ ─ 雨刮系统/洗涤系统	3	3	4	4	7	5	3	2	3	9	1	9	15	15	9	24	21	10	5	0
车联网终端（TBOX）	2	2	1	3	2	2	1	7	1	1	2	5	1	2	3	7	8	8	1	0
── 车身控制器（BCM）	4	3	2	3	6	4	3	4	5	5	6	8	3	15	11	22	19	27	5	0
── 导航/多媒体/CD机	9	3	10	4	7	6	7	4	8	12	12	5	9	17	42	98	64	66	8	0
─ ─ 电子钟	0	0	1	0	0	0	0	0	0	0	0	0	0	0	0	0	0	0	0	0
雨量光照传感器（RLS）	0	0	1	0	0	0	1	0	1	0	0	0	0	0	0	0	3	1	1	0
─■■ 胎压监测系统（TPMS）	2	4	3	1	2	2	2	0	2	1	0	5	2	4	9	4	7	9	0	0
天线	2	2	1	4	1	1	0	2	0	1	1	1	0	2	1	6	8	13	4	0
网关	0	0	1	0	0	0	0	0	0	0	2	0	0	0	2	3	0	2	0	0
▪▪▪▪ 无线充电模块（WPC）	0	0	0	0	0	0	0	0	0	0	0	0	0	0	2	6	3	2	3	0
无钥匙系统（PEPS）	1	0	0	0	2	0	0	0	0	0	0	1	0	0	1	0	6	3	2	0
扬声器/麦克风	3	4	4	3	6	3	1	3	4	1	2	1	2	3	1	7	4	10	1	0
自动泊车	0	0	0	0	0	0	0	0	0	0	0	1	0	0	0	4	9	10	2	0

图 3-49　电子电器三级技术分支在墨西哥的专利申请趋势

（二）电子电器技术专利申请构成分布

电子电器二级、三级技术分支专利申请在墨西哥的整体分布概况如图 3-50 所示。在电子电器二级技术构成中，电子信息技术专利申请总量共计 949 件；电器系统专利申请 668 件。电子信息技术专利申请总量高于电器系统的专利申请总量。

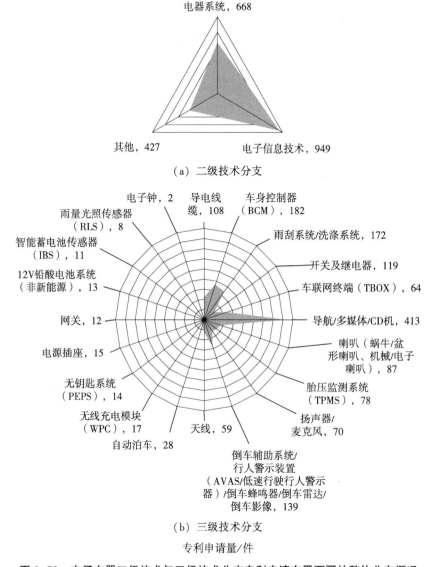

（a）二级技术分支

（b）三级技术分支

专利申请量/件

图 3-50　电子电器二级技术与三级技术分支专利申请在墨西哥的整体分布概况

电子电器主要三级技术分支的专利申请量占比分布如图 3-51 所示。在电子电器三级技术构成中，专利申请总量排名前六位的技术分支依次是导航/多媒体/CD 机（413 件）、车身控制器（BCM）（182 件）、雨刮系统/洗涤系统（172 件）、倒车辅助系统/行人警示装置（AVAS/低速行驶行人警示器）/倒车蜂鸣器/倒车雷达/倒车影像（139 件）、开关及继电器（119

件）、导电线缆（108 件）。其余技术分支的申请量都不超过 100 件，其中电子钟的申请量最低，仅为 2 件。

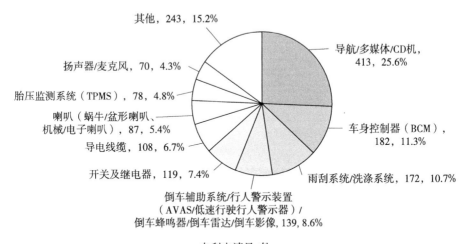

专利申请量/件

图 3-51 电子电器三级技术分支专利申请量占比

可以看出电子信息技术分支的研究热点主要为导航/多媒体/CD 机技术，其专利申请量占电子电器技术专利申请总量的 25.6%；其次为车身控制器（BCM）技术，占 11.3%。电器系统技术的研发热点为倒车辅助系统/行人警示装置（AVAS/低速行驶行人警示器）/倒车蜂鸣器/倒车雷达/倒车影像，其专利申请量占电子电器技术专利申请总量的 8.6%；其次为喇叭（蜗牛/盆形喇叭、机械/电子喇叭）技术，占 5.4%。

（三）电子电器技术主要专利权人分析

为研究墨西哥地区电子电器领域专利申请人分布状况，本书按照专利申请量和占比对专利权人进行了统计排名。图 3-52 示出了墨西哥地区电子电器专利申请量排名前五位的专利权人，这五家企业的电子电器技术专利申请都在 20 件以上。排在首位的福特的电子电器技术专利申请总量为 523 件，占这五家企业申请总量的 57%；日产的申请总量为 237 件，占比 26%，位居第二位；排名第三位的是法雷奥，共提交专利申请 106 件，申请量占比为 12%。可以看出，福特在电子电器技术中布局了较多专利。

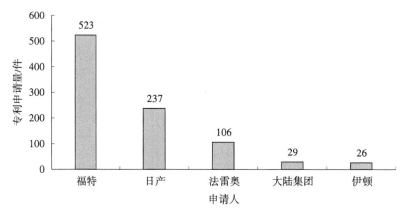

图 3-52　电子电器技术专利申请主要专利权人

墨西哥地区电子电器领域主要专利申请人的申请趋势如图 3-53 所示，从整体上看，可将这五家企业的电子电器专利申请发展态势划分为两个阶段。第一阶段为 2012 年以前，大部分企业在该阶段都呈现了长时间的专利申请空档期；第二阶段为 2012 年及以后，为电子电器技术发展期，表现为企业电子电器技术专利申请数量增加。

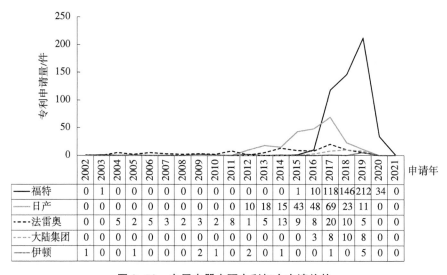

	2002	2003	2004	2005	2006	2007	2008	2009	2010	2011	2012	2013	2014	2015	2016	2017	2018	2019	2020	2021
福特	0	1	0	0	0	0	0	0	0	0	0	0	0	1	10	118	146	212	34	0
日产	0	0	0	0	0	0	0	0	0	0	10	18	15	43	48	69	23	11	0	0
法雷奥	0	0	5	2	5	3	2	3	2	8	1	5	13	9	8	20	10	5	0	0
大陆集团	0	0	0	0	0	0	0	0	0	0	0	0	0	0	3	8	10	8	0	0
伊顿	1	0	0	1	0	0	0	2	1	0	2	0	1	0	0	1	0	5	0	0

图 3-53　电子电器主要专利权人申请趋势

福特是在电子电器技术中专利布局最多的汽车企业，但是其电子电器技术专利申请起步却较晚。福特在 2017 年才开始加大电子电器领域的研发力度。之后，福特在电子电器领域展现了良好的研发势头，在墨西哥大量布局电子电器技术专利，专利申请数量继续增长，并跃居电子电器技术专利申请总量第一，在 2019 年申请了 212 件专利，是相关专利申请量最高的企业。

日产起步同样较晚，在 2012 年后才在墨西哥进行电子电器技术的相关专利布局，在 2017 年达到 69 件的申请量最高值。可以看出，汽车企业在早期偏向于依赖供应商的创新。

法雷奥是在其他车企处于电子电器技术专利申请空档期中较早萌芽的企业。法雷奥于 2004 年开始便持续在墨西哥提交相关专利申请，年均电子电器技术专利申请量维持在 10 件以下，在 2014 年之后申请量有所提升，但涨速较为缓慢。

大陆集团是墨西哥的本土公司，在 2016 年才递交电子电器技术专利申请，申请量均在 10 件及以下。可见，墨西哥本土公司已经开始重视本国汽车电子电器技术的研发。

伊顿的电子电器技术年专利申请量在 20 年中维持在 5 件及以下。

综观福特、日产、法雷奥等汽车企业开始加大电子电器技术研发投入的行为，主要是受到墨西哥政府汽车产业政策和墨西哥汽车市场需求的影响。同时，也可能是受到塔塔汽车此前在墨西哥提交大量电子电器专利申请的影响，这些意图进入墨西哥市场的车企调整研发力量，在电子电器领域进行攻克或防守，形成企业产品技术优势专利，掌握自主知识产权，为占据墨西哥市场打下良好基石。

电子电器技术主要专利权人申请概况如表 3-16 所示。从企业 2017—2021 年电子电器技术专利申请量占总量的百分比和申请趋势可以看出，福特与大陆集团在电子电器技术研发领域的活跃度明显上升，日产相对平稳，而法雷奥与伊顿在电子电器技术研发领域的活跃度有缓慢下降的趋势。在协同创新方面，五家公司均无联合合作开发。

表 3-16　电子电器主要专利权人申请概况

专利权人	申请总量 /件	2017—2021 年 占总量百分比	专利权人 归属国	合作专利 数量/件	合作企业
福特	523	97.5%	美国	0	—
日产	237	43.4%	日本	0	—
法雷奥	106	33%	法国	0	—
大陆集团	29	89.6%	墨西哥	0	—
伊顿	23	26.1%	美国	0	—

墨西哥地区电子电器领域主要专利权人的技术构成分布情况如图 3-54 所示，福特的电子电器技术优势主要在导航/多媒体/CD 机与倒车辅助系统/行人警示装置（AVAS/低速行驶行人警示器）/倒车蜂鸣器/倒车雷达/倒车影像技术分支，并且在电子电器的其他各个技术领域均有涉及。日产主要活跃于导航/多媒体/CD 机、车身控制器（BCM）及倒车辅助系统/行人警示装置（AVAS/低速行驶行人警示器）/倒车蜂鸣器/倒车雷达/倒车影像等方面。法雷奥的研发热点则聚焦在雨刮系统/洗涤系统技术分支。大陆集团及伊顿涉及的电子电器技术分支较为分散，并未形成核心技术专利群。

（四）重点高价值专利统计分析

对电子电器关键技术进行重点专利分析，有利于企业对电子电器核心技术的把握。根据专利申请及其同族的被引频次、布局国家数量、诉讼、许可、转让等因素，综合判断专利的重要性。被引频次在一定程度上体现了该专利对后续研发的重要性，布局国家数量、许可、转让等因素表现了该专利的市场价值，诉讼等因素体现了专利的稳定性。表 3-17 与表 3-18 分别示出了部分电子电器关键技术重要专利的概况与详情。

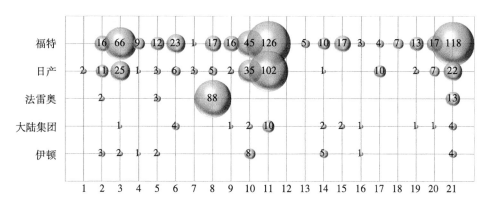

1　12V 铅酸电池系统（非新能源）　　　　　　　2　导电线缆

3　倒车辅助系统/行人警示装置（AVAS/低速行驶行人警示器）/倒车蜂鸣器/倒车雷达/倒车影像

4　电源插座　　　　　　5　开关及继电器　　　　　6　喇叭（蜗牛/盆形喇叭、机械/电子喇叭）

7　智能蓄电池传感器（IBS）　8　雨刮系统/洗涤系统　　9　车联网终端（TBOX）

10　车身控制器（BCM）　　11　导航/多媒体/CD 机　　12　电子钟

13　雨量光照传感器（RLS）　14　胎压监测系统（TPMS）　15　天线

16　网关　　　　　　　　17　无线充电模块（WPC）　18　无钥匙系统（PEPS）

19　扬声器/麦克风　　　　20　自动泊车　　　　　　21　电子电器—其他

专利申请量/件

图 3-54　电子电器主要专利权人技术构成分布

表 3-17　电子电器技术部分重要专利概况

公开号	专利权人	被引频次	布局国家或地区	是否诉讼	是否许可	是否转让
MX2011003242A	法雷奥	204	DE，WO，CN，EP，KR，US，JP，MX，PL，HU	否	否	否
MX2013002741A	日产	102	CN，US，BR，JP，WO，EP，IN，MX，RU	否	否	否
MX2011012826A	日产	66	CN，JP，KR，WO，EP，IN，MX，RU，US	否	否	否
MX2014014194A	福特	73	US，RU，CN，DE，MX	否	否	否
MX2015002632A	福特	51	GB，US，CN，DE，MX，RU	否	否	否
MX2008010529A	伊顿	10	AU，WO，CA，CN，MX，RU，AT，DE，EP，JP，BR，IN	否	否	否
MX2015008968A	福特	36	US，MX，CN，DE，GB，RU	否	否	否

公开号	专利权人	被引频次	布局国家或地区	是否诉讼	是否许可	是否转让
MX2007007828A	法雷奥	199	WO, FR, CA, CN, DE, EP, BR, HK, KR, MX, RU, US, AT, ES, JP	否	否	否
MXPA04000478A	丰田	73	US, KR, AT, CN, EP, ES, AU, CA, MX, BR, DE, IN, WO	否	否	否
MX2007014210A	天合汽车	74	JP, DE, EP, KR, MX, BR, US, CN	否	否	否

表 3-18   电子电器技术部分重要专利详情

公开号：MX2011003242A 专利名称：擦拭器臂/擦拭器刮片连接结构和擦拭器刮片 申请日：2009.09.21	**技术方案：** 涉及用于车辆的挡风玻璃擦拭器装置的擦拭器刮片（3、3a、3b）和擦拭器臂（1）之间的擦拭器臂/擦拭器刮片连接结构，包括安装在擦拭器刮片上的擦拭器刮片适配器（4），用于将擦拭器刮片可拆卸地固定到擦拭器臂上。擦拭器刮片被设计为扁平擦拭器刮片，并在擦拭器刮片的至少一个纵向侧上包括至少一个喷射口（11.1、12.1）和/或具有喷射口的至少一个喷射或分配通道（11、12），用于向车辆挡风玻璃施加清洁或洗涤流体。该连接结构进一步包括在位于适配器端部上的擦拭器刮片上的至少一个流体连接件（32、33），用于将所述至少一个喷射口和/或所述至少一个喷射或分配通道可拆卸地连接到用于供应洗涤或清洁流体的至少一个外部液体管线（14），即经由连接到所述至少一个液体管线并可拆卸地连接到所述至少一个液体管线的连接单元（39）。该发明的特征在于，如果擦拭器刮片被设置为电加热擦拭器刮片，擦拭器刮片适配器具有至少一个电连接件（35）以及所述至少一个液体连接件，所述电连接件经由连接单元可拆卸地连接到所述至少一个外部电线路（15）以向擦拭器刮片供应加热电流 **有益效果：** 作为机械的、液压的连接结构，同时也是电的连接结构，允许可电加热的擦拭器刮片简单地连接到擦拭器臂和从该擦拭器臂分离，该擦拭器刮片同时装备了用于向车辆挡风玻璃施加清洁或洗涤流体的喷射嘴

公开号： MX2013002741A **专利名称：** 非接触式供电装置 **申请日：** 2012.05.23	**技术方案：** 为蓄电池（28）充电的非接触式供电装置，具备配置于路面的送电线圈（12）和配置于车辆的受电线圈（22）。在送电线圈（12）的上面设有异物检测线圈（13），基于在试供电期间产生于异物检测线圈（13）的感应电压检测送电线圈（12）与受电线圈（22）之间的异物
	有益效果： 提供一种能够检测供电线圈和受电线圈之间是否存在异物的非接触式供电装置
公开号： MX2011012826A **专利名称：** 车辆充电端口的装置 **申请日：** 2010.05.25	**技术方案：** 一种车辆充电端口装置，设置有车体（1a）、充电端口（3，5）和充电进行过程指示器（19）。该车体（1a）包括车舱（25）和具有上表面的车辆前端部分（2）。充电端口（3，5）布置在车辆前端部分（2）上。该充电端口（3，5）配置成接纳充电连接器（65，67）。该充电进行过程指示器（19）可移动地安装至车辆前端部分（2），从而沿竖直方向在通向充电端口（3，5）的充电端口打开位置与防止通向充电端口（3，5）的充电端口遮盖位置之间移动。当充电进行过程指示器（19）处于充电端口打开位置时，充电进行过程指示器（19）可通过使视线越过车辆前端部分（2）的上表面而从车舱内部看到
	有益效果： 提供一种具有充电端口盖的车辆充电端口装置，该车辆充电端口装置使得该盖的打开状态能够更容易地被视觉识别
公开号： MX2014014194A **专利名称：** 自动驾驶车辆识别 **申请日：** 2014.11.21	**技术方案：** 涉及一种用于自动驾驶车辆识别的计算机。第一车辆中的计算机配置用于接收与第二车辆相关的数据。该计算机可以运用所述数据来确定第二车辆至少为部分自动驾驶。基于第二车辆至少为部分自动驾驶的情况，该计算机可以使第一车辆采取一定的自动驾驶操作
	有益效果： 解决现有车辆传感器数据没有提供所有对自动驾驶车辆计算机自主操作车辆有用的数据。不能总是依赖车辆传感器数据来提供关于其他车辆的有用甚至至关重要的信息，例如其他车辆是否为自动驾驶的问题

公开号：MX2015002632A 专利名称：车辆操作者监测和操作调节 申请日：2015.02.27	技术方案：一种车辆计算机配置为在没有操作者指令的情况下执行车辆的一个或多个操作。存储涉及基准操作者状态的数据。收集涉及当前操作者状态的数据。执行基准操作者状态和当前操作者状态的比较。根据比较结果，更改控制一个或多个操作的性能的参数
	有益效果：可检测车辆操作者的状态或情况
公开号：MX2008010529A 专利名称：稳定性增强的牵引控制与电控制中心耦合器 申请日：2007.02.14	技术方案：提供一种用于具有第一轴与第二轴的车辆的控制系统，其包含：耦合设备，其适用于在第一轴与第二轴之间分配转矩；牵引控制器，其用于从车辆发动直到达到预定速度过程中控制差动设备的运行。牵引控制器被配置为根据表示低牵引运行条件的至少一个车辆运行参数接合第一运行状态中的耦合设备，并进一步根据实际车辆横摆率与预定目标车辆横摆率之间的差在低牵引运行条件期间控制第二车辆运行状态中的耦合设备的接合
	有益效果：改善现有制动器，特别是在车辆加速过程中倾向于使车辆的纵向性能劣化的问题
公开号：MX2015008968A 专利名称：可选择的自动驾驶模式 申请日：2015.07.10	技术方案：一种车辆系统包括用户界面装置以及自动模块控制器。该用户界面装置接收代表驾驶模式选择的用户输入。自动模式控制器命令一个或多个车辆子系统按照与驾驶模式选择相关的特性来运转。特性的示例能够包括车辆加速或减速的激进程度、车辆与前方车辆的最小距离或车辆改变车道的频繁程度以及其他
	有益效果：提供一种可选的自动驾驶模式的车辆系统
公开号：MX2007007828A 专利名称：适用于挡风玻璃的平面雨刷器和相关联的可拆卸的连接件 申请日：2005.12.16	技术方案：涉及一种平面风挡刮水片（100），特别是用于机动车辆的风挡刮水器系统，包括擦拭带（110），联动支承件（120）安装在该擦拭带上，该联动支承件应与所述平面风挡刮水片（100）连接。该发明显著之处在于联动支承件（120）能刚性地以可拆卸的方式安装到连接器（130，140，150）上，而连接器本身能以可拆除的方式与驱动臂（160，170，180）连接
	有益效果：使用更少的花费避免现有技术的问题，同时适配任何类型的驱动臂

续表

公开号： MXPA04000478A **专利名称：** 用于检测作用在轮胎上的力的装置 **申请日：** 2002.07.16	**技术方案：** 一种用于检测作用于轮胎上的力的装置，包括：一个设有关于车轮的检测器（10），其检测作用于轮胎上的力；一个判断部分（14），其根据检测值或检测值的瞬变趋势，由上述检测器判定作用于轮胎上的力的检测异常状态
	有益效果： 设计一种用于避免使用异常检测值而是使用正常值的测量器
公开号： MX2007014210A **专利名称：** 雨水传感器 **申请日：** 2007.11.13	**技术方案：** 提供了一种用于固定在机动车辆的风挡内侧上的雨水传感器。所述雨水传感器包括用于固定在风挡内侧上的安装框、传感器元件、用于容纳所述传感器元件从而使得传感器元件设置在壳体部分中的壳体部分和用于啮合安装框的保持装置，所述保持装置固定在壳体部分上，其中在预安装状态中，保持装置与安装框形成啮合，并且在最终的安装状态中，保持装置将具有传感器元件的壳体部分压靠在风挡上
	有益效果： 将缝隙和同等的黏合层设置在光路上，避免在传感器元件和风挡之间发生反射的问题

（五）小结

本节从专利申请趋势、技术分支构成情况以及主要专利权人等维度对汽车电子电器关键技术在墨西哥的专利申请情况进行了分析。

从申请趋势上看，2017—2019 年是电子电器关键技术专利申请量的热潮期。企业要在墨西哥地区开拓市场，应注意绕开电子电器技术的专利壁垒，提高专利侵权防范意识。汽车电子电器已成为一个新兴行业，其应用和创新极大地推动了汽车工业的进步与发展。在电子电器关键技术中，专利申请比较活跃的前三个技术分支依次为导航/多媒体/CD 机、车身控制器（BCM）、雨刮系统/洗涤系统；发展较为欠缺的技术分支为电子钟、雨量光照传感器（RLS）、智能蓄电池传感器（IBS）、12V 铅酸电池系统（非新能源）。

同时，根据统计，电子电器技术的主要专利权人为来自美国、日本、法国以及墨西哥等国家和地区的汽车企业或零配件供应商。从整体上看，汽车企业所涉及的电子电器技术分支较为广泛，如福特的专利申请涉及导航/多媒体/CD 机、倒车辅助系统/行人警示装置（AVAS/低速行驶行人警示器）/倒车蜂鸣器/倒车雷达/倒车影像、车身控制器（BCM）等；零配件供应商的电子电器技术专利申请都较为集中于某一技术分支，如法雷奥的绝大部分专利申请集中在雨刮系统/洗涤系统。

进一步明确了热门的电子电器三级技术分支的主要专利权人，可参考作为潜在竞争对手或合作伙伴，促进企业协同创新发展。导航/多媒体/CD 机技术分支的主要专利权人有福特、日产；雨刮系统/洗涤系统技术分支的主要专利权人为法雷奥。

综合考虑墨西哥汽车销量排名、汽车关键技术专利申请量的排名及技术人员的需求，本章确定了 10 家企业作为分析对象，从专利申请趋势、技术构成及重点专利等维度分析其研发热点和技术动向。主要分析对象为福特、日产、法雷奥、本田、本迪克斯、伊顿、德纳、圣戈班、固特异和亨德里克森。

一、主要申请人的识别

墨西哥汽车市场在 2021 年 1—7 月的销量排名如图 4-1 所示，日产的销量遥遥领先，通用、大众、丰田、起亚、本田和福特均排进了前十名。虽然通用、大众和起亚等车企市场份额较高，但其在墨西哥提交的专利申请均少于 100 件，可分析的样本较少，因此本书的竞争对手分析未列入上述申请人。结合墨西哥汽车销量排行和第二章图 2-4 给出的申请人的申请量排名，确定了以下 10 个申请人作为分析目标：福特、日产、本田、伊顿、德纳、固特异、本迪克斯、法雷奥、圣戈班和亨德里克森，对墨西哥市场的主要整车厂或零部件供应商进行分析。

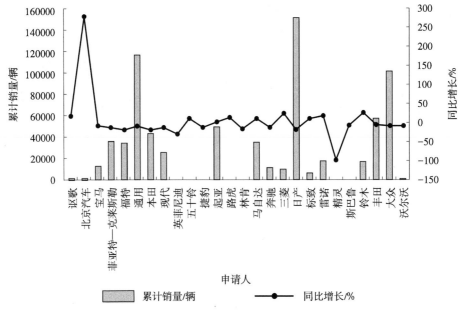

图 4-1　2021 年 1—7 月墨西哥汽车（分品牌）销量统计

二、福特

在工厂方面，福特在墨西哥运营约 90 年，目前拥有约 9000 名员工，在墨西哥共有设有 4 座工厂，分别位于索诺拉州、奇瓦瓦州、墨西哥州等地。其产能为 280499 辆/年（2018 年 1—12 月），较 2017 年下降 11.1%，其中，出口量为 273009 辆。其奇瓦瓦州工厂目前主要生产排量为 4.4L 和 6.7L 的柴油发动机。该公司在索诺拉州还有冲压组装厂，并且还与格特拉克开办了一座合资工厂，用于生产六速变速箱等。

在销量方面，据墨西哥汽车工业协会（AMIA）/INEGI 统计，截至 2019 年 11 月，福特在墨西哥的汽车销售量排名第九位，1—11 月的销售量为 52805 辆，比 2018 年下降 16%。据此，福特为满足美国市场需求，决定减少在墨西哥的小型汽车生产，转向生产大排量汽车。由于美国汽油价格下降，人们更倾向于购买体积大、油耗高的汽车，如吉普、皮卡等。

此外，福特于 2017 年宣布放弃投资 16 亿美元在墨西哥新建用于生产小型轿车的工厂，转而在美国密歇根州投资 7 亿美元建厂，并增加 700 个工作岗位。福特表示做出该决定的原因在于北美洲小轿车需求降低，因此不得不减少墨西哥工厂产能。这也是导致福特在墨西哥产能和销量下滑的部分原因。

（一）专利申请情况

福特在墨西哥的专利分布如图 4-2 所示，可以看出，福特的专利技术主题集中区域包括：保险杠、仪表板、传感器、座椅、气囊、变速器、发动机、挡风玻璃、照明系统等，其中发动机、挡风玻璃技术的专利申请量相对较少。从 3D 沙盘图角度看，福特公司的优势在于保险杠、仪表板、照明系统等内外饰的关键技术。

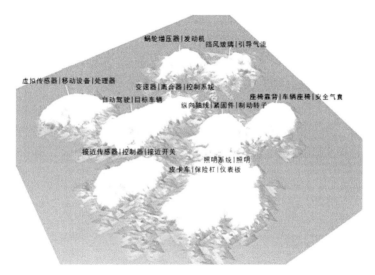

图 4-2　福特在墨西哥的专利分布情况沙盘图

2002—2021 年，福特在墨西哥提交有关汽车的专利申请 1844 件，在专利申请人的申请量排名中居第一位。福特有关汽车关键技术的专利申请趋势如图 4-3 所示，可以看出，福特在墨西哥的专利申请大致可分为三个阶段。2015 年以前为第一阶段，专利申请量很少，2002—2015 年的年专利申请量均不超过 3 件。2016—2019 年为第二阶段，福特开始重视在墨西哥的专利布局，专利申请量逐年上升，这与墨西哥汽车市场的增长趋势相呼应，2019 年达到峰值 621 件。第三阶段为 2020 年以后，由于墨西哥专利申请公开的滞后性，2020 年和 2021 年专利申请量下滑的原因在于有部分专利申请尚未公开，因此下跌趋势并不真实。

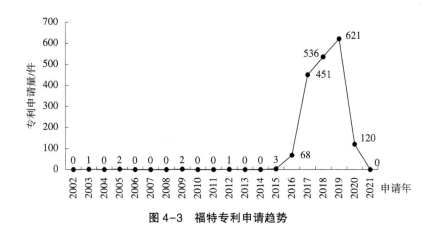

图 4-3 福特专利申请趋势

各汽车关键技术一级分支专利申请趋势如图 4-4 所示。一级技术分支的专利申请趋势基本相同，只有发动机技术的申请量于 2017 年达到峰值 50 件后开始回落，内外饰、底盘、变速器等相关技术于 2018 年达到峰值，分别为 165 件、53 件、18 件，电子电器和车身技术于 2019 年达到峰值，分别为 185 件、79 件。上述信息表明，福特在墨西哥的研发倾向于电子电器和内外饰技术分支。

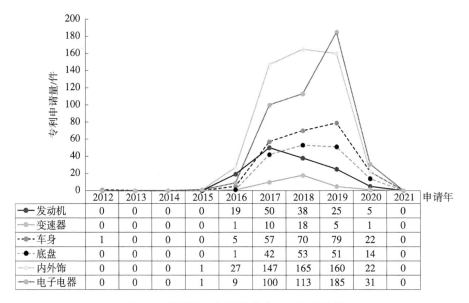

	2012	2013	2014	2015	2016	2017	2018	2019	2020	2021
发动机	0	0	0	0	19	50	38	25	5	0
变速器	0	0	0	0	1	10	18	5	1	0
车身	1	0	0	0	5	57	70	79	22	0
底盘	0	0	0	0	1	42	53	51	14	0
内外饰	0	0	0	1	27	147	165	160	22	0
电子电器	0	0	0	1	9	100	113	185	31	0

图 4-4 福特各一级技术分支专利申请趋势

福特在 2015—2021 年（2015 年以前的专利申请较少）各二级技术分支的专

利申请趋势如图 4-5 所示。可以看出，电子信息技术、车身外饰技术的专利申请增长趋势最为明显，申请数量也最多，于 2019 年达到了峰值，分别为 102 件和 111 件。可见，电子信息技术、车身外饰技术是福特在墨西哥重点研发的方向。此外，车身开闭件技术也有递增的专利申请趋势，2019 年达到峰值 50 件。

电器系统、车身内饰、白车身、行驶系统等技术分支申请量相对较多。但在 2019 年，车身内饰、行驶系统的专利申请量开始回落，尤其车身内饰技术申请量下降约 40%。

转向系统、制动系统、传动系统、手动变速器、自动变速器及发动机相关的二级技术分支专利申请量较少，且部分技术分支呈现出下跌趋势。可见，福特的研发重心已经从传统汽车向新能源汽车方向转变。

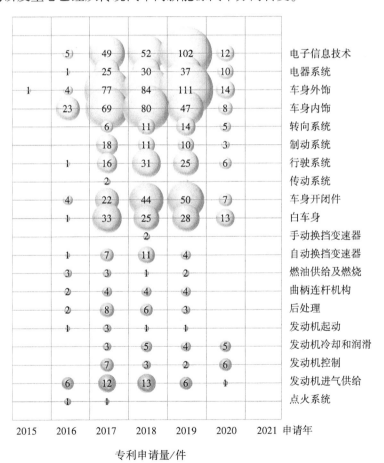

图 4-5　福特各二级技术分支专利申请趋势

（二）技术分布

如图 4-6 所示，从汽车六大关键技术来看，福特在墨西哥的专利布局重点集中在内外饰领域，共提交专利申请 568 件，占汽车相关专利总申请量的 27.8%，这与福特专利沙盘图的结果相吻合；其次是电子电器技术，提交专利申请 523 件，占比 25.6%；排名第三位至第六位的分别为车身、底盘、发动机、变速器，占比分别为 13.0%、8.4%、8.0% 和 2.0%。

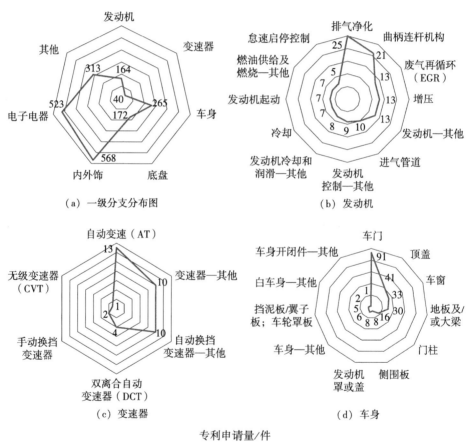

（a）一级分支分布图　　　　（b）发动机

（c）变速器　　　　（d）车身

专利申请量/件

图 4-6　福特研发热点

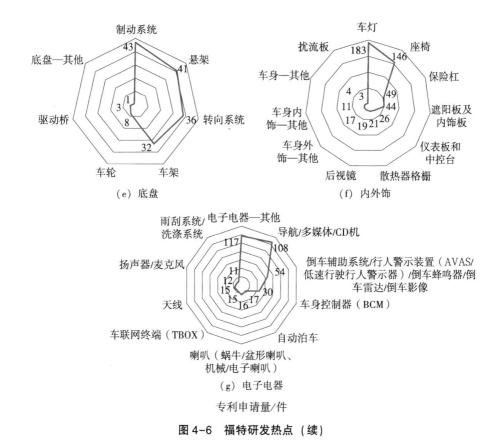

（e）底盘

（f）内外饰

（g）电子电器

专利申请量/件

图 4-6 福特研发热点（续）

在发动机的二级技术和三级技术分支方面，福特的专利布局主要在排气净化（25 件）、曲柄连杆机构（21 件）、废气再循环（EGR）（13 件）、增压（13 件），其他三级技术分支的专利申请量均不超过 10 件。

在变速器技术方面，自动变速器（AT）和自动变速器—其他申请量较多，分别申请了 13 件和 10 件；此外，变速器—其他分支也申请了 10 件专利，这表明自动换挡变速器是福特变速器研发的重点，这与自动变速器因具备提高车辆舒适性、操作简单的优势而引发全球范围内的企业投入大量人力和物力进行研发的趋势相吻合。

在车身技术主题方面，福特的专利申请绝大多数集中在车门、顶盖、车窗、地板及/或大梁技术分支，申请量分别为 91 件、41 件、33 件和 30 件，其他技术分支均不超过 16 件。表明福特在车身开闭件技术中加大研发力度，并在涉及整车安全的地板及/或大梁技术分支也有较多专利申请。

在底盘技术方面，其主要专利布局在制动系统、悬架、转向系统和车架，专利申请量分别为 43 件、41 件、36 件和 32 件；车轮和驱动桥的专利申请量较少，分别为 8 件和 3 件。这与客户对汽车驾驶性能、舒适性和安全性的需求有较大关系，助力转向和良好减震性能的悬架系统均能直接提升乘用车的舒适性，制动系统密切关系到行车安全。

在内外饰技术方面，车灯是涉及夜间行车安全的重要部件，因此其专利申请量占比较大，申请量为 183 件。座椅是保障消费者驾驶过程中舒适的重要部件，因此，其申请量也较多，为 146 件；此外，保险杠、遮阳板及内饰板、仪表板和中控台等相关技术申请量为 20 件至 50 件。

在电子电器技术方面，随着人们对车载娱乐和驾驶辅助系统的追捧，导航/多媒体/CD 机和倒车辅助系统/行人警示装置（AVA/低速行驶行人警示器）/倒车蜂鸣器/倒车雷达/倒车影像的专利申请量最多，分别为 108 件和 54 件，其他技术分支分布较为分散。

（三）重点专利分析

根据福特在墨西哥专利申请的同族数量、被引频次、诉讼、许可、转让等因素，综合判断其重点专利。表 4-1 与表 4-2 分别示出了福特的部分重要专利的简要概况与详情。

表 4-1　福特在墨西哥申请的部分重点专利列表

公开号	同族专利被引频次	布局国家/地区	是否诉讼	是否许可	是否转让
MX358523B	194	US, DE, BR, CN, MX, RU	无	无	无
MX343922B	133	GB, US, CN, MX, RU	无	无	无
MX2007013219A	72	GB, DE, CN, US, MX	无	无	无
MXPA01001660A	41	US, IN, EP, JP, AT, MX, CA, BR, KR, DE, ES, CN	无	无	无
MX340614B	41	MX, GB, CN, DE, US, RU	无	无	无
MX352056B	35	MX, BR, CN, RU, US, DE	无	无	无
MX343455B	33	RU, CN, DE, GB, US, MX	无	无	无
MX2009003837A	22	MX, EP, CN, WO, CA, JP, KR, US	无	无	无

表 4-2　福特在墨西哥申请的部分重点专利详情

专利名称：用于车辆的发光总成		
公开号：MX358523B	申请日期：2016.04.27	公开日期：2018.08.24
同族专利被引频次：194	同族专利分布国家数量：6	是否发生许可、转让：否
解决的技术问题或技术效果：由光致发光结构的使用所产生的照明系统能够提供独特且吸引人的视觉体验		
技术手段：该发光总成包括第一、第二和第三光源以及具有第一、第二和第三光致发光材料的光致发光结构。第一、第二和第三光致发光材料配置为分别响应于被第一、第二和第三光源发射的光激发而发光		

专利名称：自动驾驶车辆中的故障处理		
公开号：MX343922B	申请日期：2015.02.17	公开日期：2016.11.29
同族专利被引频次：133	同族专利分布国家数量：5	是否发生许可、转让：否
解决的技术问题或技术效果：提供用于评估计算机自主操作车辆的能力，以及当检测到一个或多个故障时确定一个或多个措施		
技术手段：在车辆运行期间采集数据。做出至少一个数据的置信度评估表明至少一个故障状态的确定。停止受故障状态影响的第一自主操作，其中继续不受故障状态影响的第二自主操作。该系统包含在第一车辆中的计算机，计算机包含处理器和存储器，其中计算机包括指令以在第一车辆运行期间采集数据；确定至少一个数据的置信度评估，表明至少一个故障状态；传输通信至至少一个第二车辆，表明至少一个故障状态；以及从第二车辆接收至少一个数据项；至少部分根据至少一个数据项确定第一车辆的自主操作		

专利名称：双离合变速器的齿轮选择方法		
公开号：MX2007013219A	申请日期：2007.10.23	公开日期：2009.02.13
同族专利被引频次：72	同族专利分布国家数量：5	是否发生许可、转让：否
解决的技术问题或技术效果：在反复摇动操作中换挡的控制方法，仅变换离合器而不移动任何联轴器套，便从前进挡变为倒车挡		
技术手段：该车辆包括通过产生倒车挡的第一动力路径传送动力的第一离合器，通过产生前进挡的第二动力路径传送动力的第二离合器，该方法包括选择变速器执行的倒车挡，让变速器准备交替通过第一动力路径和第二动力路径传送动力；啮合第一离合器并通过倒车挡中的第一动力路径传送动力，选择执行传送的前进驱动挡，松开第一离合器，啮合第二离合器，通过前进挡中的第二动力路径传送动力		

专利名称：可释放的车门止挡装置		
公开号：MXPA01001660A	申请日期：2001.02.14	公开日期：2003.08.20
同族专利被引频次：41	同族专利分布国家数量：12	是否发生许可、转让：无
解决的技术问题或技术效果：当车门到达其预定中间止挡位置时，弹性件可使碰锤与钩形件配合而提供足够运动阻力，当简便地压迫弹性件而使碰锤脱离钩形件时可使车门释放		
技术手段：一种可释放的车门止挡装置，包括：具有一能量存储装置和引导机构的支架；一具有凸轮擒纵装置的臂，臂连接到车辆上并与支架的引导机构对接；安装到一弹性件上的一碰锤装置，弹性件可防止碰锤平行于臂中心线平移，但可使之垂直于臂中心线平移；以及结合在臂自由端的一钩形件，钩形件与碰锤互锁		

专利名称：自动驾驶车辆操控以及性能调整		
公开号：MX340614B	申请日期：2015.02.11	公开日期：2016.07.18
同族专利被引频次：41	同族专利分布国家数量：6	是否发生许可、转让：无
解决的技术问题或技术效果：自动驾驶车辆利用传感器感应其周围的环境，并且相应地控制车辆的特定方面，也为适应变化的道路状况做好了准备		
技术手段：一种车辆，包括配置为检测道路状况并且输出代表道路状况的至少一种道路状况信号的自动驾驶传感器，配置为根据至少一种道路状况信号而控制车辆的自动模式控制器，以及配置为播放道路状况信号的通信模块		

专利名称：铰接式座椅支承垫		
公开号：MX352056B	申请日期：2014.06.06	公开日期：2017.11.08
同族专利被引频次：35	同族专利分布国家数量：6	是否发生许可、转让：无
解决的技术问题或技术效果：座椅支承垫总体上为乘客的背部和大腿提供补充支承		
技术手段：一种用于车辆的、具有座椅靠背和座位的车辆座椅总成。支承垫从座椅靠背和座位中的一个横向地伸展，并且包括静态凸出部、衬垫以及安置在静态凸出部和衬垫之间的动态凸出部。动态凸出部可操作地耦接至座椅靠背和座位中的一个。铰接部件安置在动态凸出部和静态凸出部之间，并且在回转和非回转状态之间可操作。控制装置可操作地耦接至铰接部件并且可操作为在回转和非回转状态之间移动铰接部件，铰接部件因此相对于静态凸出部相应地移动动态凸出部，因此调整衬垫相对于座椅靠背和座位中的一个的角度		

专利名称：具有可重组座椅的自动驾驶车辆		
公开号：MX343455B	申请日期：2014.11.19	公开日期：2016.11.07
同族专利被引频次：33	同族专利分布国家数量：6	是否发生许可、转让：无

解决的技术问题或技术效果：自动驾驶车辆将不再另外需要乘客交互作用，例如选择目的地，使乘客集中精力于与驾驶不相关的任务
技术手段：一种车辆，包括具有位于乘客车厢内的长座椅。该长座椅具有底部部分和背部部分，并且配置为当车辆正以自动驾驶模式运行时，通过朝着乘客车厢的前面移动背部部分来从面向前方的位置移动到面向后方的位置

专利名称：管状 B 柱和冲压的槛板结合件以及装配二者的方法		
公开号：MX2009003837A	申请日期：2007.10.09	公开日期：2009.07.02
同族专利被引频次：22	同族专利分布国家数量：8	是否发生许可、转让：无
解决的技术问题或技术效果：提升碰撞安全性、降噪、抗震和 NVH 的性能		
技术手段：柱和槛板结合组件包括具有靠近所述柱的下端的被挤压的凸缘的管状柱，该柱结合到包括侧梁和槛板加强件的槛板组件。柱和槛板结合组件的结合方法包括：通过柱中的通过口将结构支撑柱焊接到车体外面板以及将槛板加强件焊接到侧梁来形成车辆结构支撑。通过侧梁中的通过口、车体外面板中的通过口以及与第一通过口竖直地隔开的柱中的通过口，槛板加强件被焊接到所述柱上。B 柱的底缘被焊接到槛板加强件的下边缘凸缘和侧梁的下边缘凸缘上		

（四）协同创新分析

福特在墨西哥提交的汽车关键技术专利申请均为单独申请，申请人主要为福特汽车（FORD MOTOR）和福特全球技术公司（FORD GLOBAL TECH LLC）。可见，福特的自主研发能力较强。

（五）小结

本节主要从专利申请趋势、技术构成情况以及协同创新等方面对福特在墨西哥的专利申请情况进行了分析。福特在墨西哥提交专利申请的时间较早，但专利布局的时间较晚。2016 年以后为该公司在墨西哥专利申请的快速发展期，该公司在墨西哥的研发热点为内外饰、电子电器技术领域，在车身领域的专利申请有增加的趋势。福特在墨西哥的技术研发主要依靠自主开发，目前尚未公开协同创新的专利申请。

三、日产

日产在墨西哥投产以来已经历 50 余年，阿瓜斯卡连特斯第一工厂、第二工厂以及库埃纳瓦卡工厂累计产量已达 1300 万辆。日产墨西哥公司生产的车辆除了在墨西哥国内市场销售，还出口至美国、加拿大、巴西、哥伦比亚、智利、沙特等 30 多个国家。1966 年建立的库埃纳瓦卡工厂，目前生产小型车 Versa、皮卡 NP300、中型皮卡 NP300 Frontier。阿瓜斯卡连特斯第一工厂于 1992 年建立，包含发动机工厂在内总共雇用超 6000 人。该工厂生产 Versa、次紧凑级 SUV Kicks、次紧凑级两厢车 March。

目前，墨西哥已成为日产在美国和泰国之后全球第三大生产地，超过其在印度、俄罗斯、菲律宾和巴西的产量。

日产汽车长期占领墨西哥汽车市场的销量冠军位置，2019 年 1—11 月总销量为 241885 辆，市场份额为 20.4%。日产在墨西哥的畅销车型为紧凑型车 Versa、皮卡型车 Pickup、次紧凑级两厢车 March 和轩逸，上述车型经常跻身于墨西哥汽车市场的销量前十名的位置。

（一）专利情况

图 4-7 为日产在墨西哥的专利分布沙盘图，图中可以看出，日产的专利布局集中于地图信息、物体检测方法、混合动力/电动车辆、供电系统等；在燃油喷射、废气再循环控制、喷涂涂层、空气通道和控制轴等领域专利布局较少。从 3D 沙盘图角度看，日产的技术优势在于电子电器和新能源汽车。

日产在墨西哥提交有关汽车的专利申请共 524 件，在专利申请人的申请量排名中居第二位。日产有关汽车关键技术的专利申请趋势如图 4-8 所示，可以看出，日产在墨西哥的专利申请大致可分三个阶段。2010 年以前为第一阶段，2002—2010 年的专利申请量均为零。2011—2017 年为第二阶段，日产公司开始重视在墨西哥的专利布局，专利申请量呈上升趋势，这与墨西哥汽车市场的增长趋势相呼应，2017 年达到峰值 136 件，主要集中在发动机技术和电子电器技术分支，其中 2014 年出现了下跌，但是并未影响该阶段的总体猛增趋势。第三阶段，2018 年以后，由于墨西哥专利申请公开的滞后性，2018—2021 年专利申请量下滑。

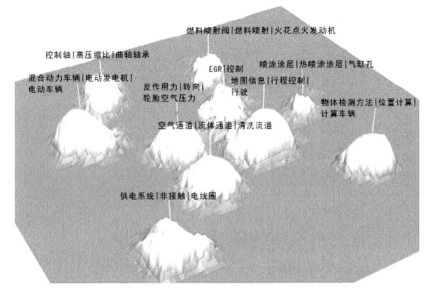

图 4-7   日产墨西哥专利分布沙盘图

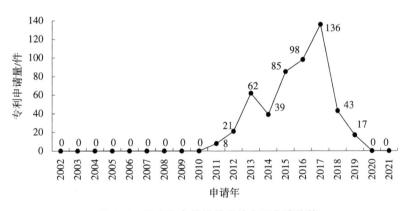

图 4-8   日产汽车关键技术的专利申请趋势

各关键技术分支专利申请趋势如图 4-9 所示。各一级技术分支的专利申请趋势略有不同，其中车身技术和底盘技术的专利申请主要集中在 2015 年左右。如车身技术的专利申请量峰值为 2014 年的 6 件，底盘技术的专利申请量峰值为 2015 年的 25 件。发动机技术和电子电器技术的专利申请主要集中在 2012—2018 年，发动机技术和电子电器技术的专利申请量峰值出现在 2017 年，分别为 36 件和 69 件。变速器技术的专利申请主要集中在 2011—2019 年，专利申请量峰值为 2017 年的 12 件。内外饰技术的专利申请主要集中在 2012—2018 年，专利申请量峰值为 2013 年的 9 件。

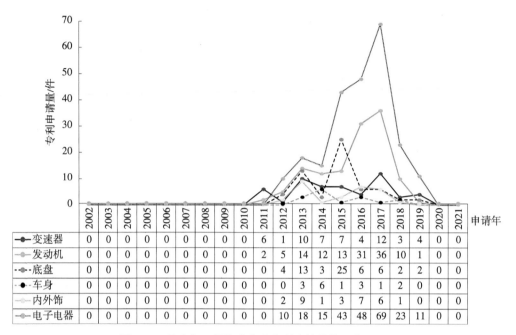

申请年	2002	2003	2004	2005	2006	2007	2008	2009	2010	2011	2012	2013	2014	2015	2016	2017	2018	2019	2020	2021
变速器	0	0	0	0	0	0	0	0	0	6	1	10	7	7	4	12	3	4	0	0
发动机	0	0	0	0	0	0	0	0	0	2	5	14	12	13	31	36	10	1	0	0
底盘	0	0	0	0	0	0	0	0	0	4	13	3	25	6	6	2	2	0	0	0
车身	0	0	0	0	0	0	0	0	0	0	3	6	1	3	1	2	0	0	0	0
内外饰	0	0	0	0	0	0	0	0	0	2	9	1	3	7	6	1	0	0	0	0
电子电器	0	0	0	0	0	0	0	0	0	10	18	15	43	48	69	23	11	0	0	0

图 4-9　日产各一级技术分支专利申请趋势示意

日产在 2011 年以后（2002 年到 2010 年无专利申请）各二级技术分支的专利申请趋势如图 4-10 所示。可以看出，电子信息技术的增长趋势最为明显，申请数量也最多，于 2017 年达到 58 件。可见，电子信息技术是日产在墨西哥重点研发的方向。

电器系统和转向系统的申请趋势相似，只有一个申请量峰值——在 2015 年达到巅峰，均为 17 件，随后便出现了下跌趋势。

发动机控制、自动换挡变速器、制动系统和车身外饰技术分支出现了两次申请热潮，时间均为 2013 年左右和 2017 年左右。

行驶系统、传动系统和车身内饰等其他技术分支申请量较少，且部分技术分支呈现出下跌趋势。可见，日产已经淡出了行驶系统、传动系统和车身内饰等技术的研发创新领域。

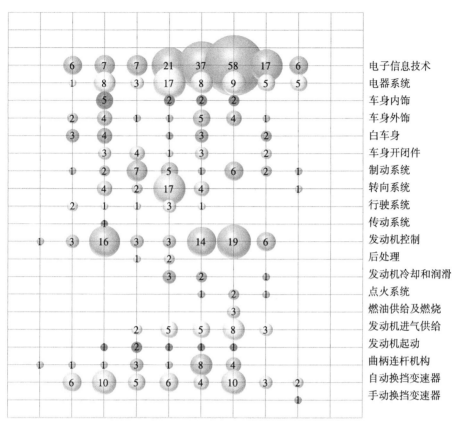

电子信息技术
电器系统
车身内饰
车身外饰
白车身
车身开闭件
制动系统
转向系统
行驶系统
传动系统
发动机控制
后处理
发动机冷却和润滑
点火系统
燃油供给及燃烧
发动机进气供给
发动机起动
曲柄连杆机构
自动换挡变速器
手动换挡变速器

2010　2011　2012　2013　2014　2015　2016　2017　2018　2019　2020　2021　申请年

专利申请量/件

图 4-10　日产各二级技术分支专利申请趋势

（二）技术分布

如图 4-11 所示，从汽车六大关键技术来看，日产在墨西哥的专利布局重点集中在电子电器领域，共提交专利申请 237 件，占其在墨西哥汽车相关专利总申请量的 40%；其次是发动机技术、变速器技术和底盘技术，分别为 137件、65 件和 62 件，占比分别为 23.1%、11.0% 和 10.5%，内外饰技术、车身技术领域提交的专利申请量相对较少，分别为 29 件、16 件。❶

---

❶ 日产的汽车相关专利总申请量为 524 件。在图 4-11 中，由于部分专利涉及两个或两个以上技术分支，所以各技术分支的申请量之和大于 524 件。

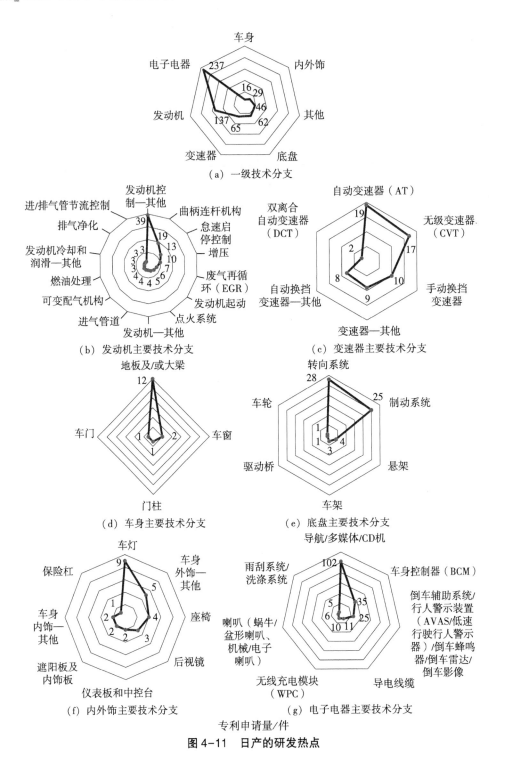

（a）一级技术分支

（b）发动机主要技术分支

（c）变速器主要技术分支

（d）车身主要技术分支

（e）底盘主要技术分支

（f）内外饰主要技术分支

（g）电子电器主要技术分支

专利申请量/件

图4-11　日产的研发热点

在发动机的二级和三级技术分支方面，日产的专利申请主要布局在曲柄连杆机构（19件）、怠速启停控制（13件）、增压（10件），其他三级分支的专利申请量均少于10件。此外，与其他申请人不同的是，日产在供油系统和排气净化方面的专利较少。可见，日产在发动机领域的研发重点在于发动机控制技术。

在变速器技术分支方面，自动变速器（AT）和无级变速器（CVT）专利申请量最多，分别申请了19件和17件，遥遥领先于其他技术分支，这表明日产在该技术分支上投入了较大的研发力量。此外，自动换挡变速器—其他分支也申请了8件专利，这表明自动换挡变速器是日产变速器研发的重点。这与自动换挡变速器因具备提高车辆舒适性、操作简单的优势而引发全球范围内的企业投入大量人力和物力进行研发的趋势相吻合。

在车身技术分支方面，日产的专利申请绝大多数集中在地板及/或大梁技术分支，申请量为12件，其他技术分支均不超过3件，其中车窗2件，门柱1件，车门1件。车身技术趋于成熟，可研发创新的领域不多，仅在涉及整车安全的地板及/或大梁技术分支有较多专利申请。

在底盘技术分支方面，其主要专利布局在转向系统和制动系统，申请量分别为28件和25件；其次是悬架技术和车架技术，申请量分别为4件和3件。这与客户对汽车驾驶性能、舒适性和安全性的需求有较大关系，助力转向和良好减震性能的悬架系统能直接提升乘用车的舒适性，制动系统密切关系到行车安全；其他底盘技术的申请量较少，均在3件以下。

在内外饰技术分支方面，车灯是涉及夜间行车安全的重要部件，因此其专利申请量占比较大，申请量为9件。随着消费者对车身外观的个性化需求增加，车身外饰—其他位居次席，申请量为5件，座椅的申请量为4件，位居第三名。其他内外饰技术的申请量均在3件以下。

在电子电器技术分支方面，随着人们对车载娱乐和驾驶辅助系统的追捧，导航/多媒体/CD机的申请量最多，为102件，其次是倒车辅助系统/行人警示装置（AVAS/低速行驶行人警示器）/倒车蜂鸣器/倒车雷达/倒车影像，为54件，其他技术分支分布较为分散。

（三）重点专利分析

根据日产在墨西哥专利申请的同族专利数量、被引频次、诉讼、许可、转让等因素，综合判断其重点专利，表4-3与表4-4分别示出了部分日产的重要专利的概况与详情。

表4-3 日产在墨西哥申请的部分重点专利列表

公开号	同族被引频次	布局国家/地区	是否诉讼	是否许可	是否转让
MX2013002741A	111	WO, JP, CN, EP, MX, US, BR, IN, RU, MY	无	无	无
MX2011008831A	105	CA, IN, CN, EP, WO, BR, KR, MX, RU, US, JP	无	无	无
MX2014004940A	100	MX, EP, JP, RU, BR, CN, US, WO	无	无	无
MX2011012826A	66	CN, JP, KR, WO, EP, IN, MX, RU, US	无	无	无
MX2011012424A	63	KR, BR, EP, RU, US, CN, MX, WO	无	无	无
MX2011008827A	44	KR, CN, CA, JP, MX, EP, RU, MY, US	无	无	无
MX2013000508A	38	IN, KR, JP, RU, US, WO, CN, MX, BR, EP	无	无	无
MX2013000276A	34	KR, JP, EP, US, WO, BR, CN, IN, RU, MX	无	无	无
MX2012007279A	32	EP, MX, RU, US, WO, CN	无	无	无
MX2012000339A	31	WO, JP, CN, EP, MX, US, BR, IN, RU	无	无	无

表4-4 日产在墨西哥申请的部分重点专利详情

专利名称：非接触式供电装置		
公开号：MX2013002741A	申请日期：2012.05.23	公开日期：2013.05.30
同族专利被引频次：111	同族专利分布国家数量：10	是否发生许可、转让：否
解决的技术问题或技术效果：在供电线圈和受电线圈之间混入异物时，供电的传送效率会降低，现有技术不能有效地根据供电传送效率的变化准确地检测到供电线圈和受电线圈之间的异物。该发明提供了一种能够检测供电线圈和受电线圈之间是否存在异物的无触点供电装置		
技术手段：以非接触的形式进行车辆的蓄电池（28）的充电的非接触式供电装置，具备配置于路面的送电线圈（12）和配置于车辆的受电线圈（22）。在送电线圈（12）的上面设有异物检测线圈（13），基于在试供电期间产生于异物检测线圈（13）的感应电压检测送电线圈（12）与受电线圈（22）之间的异物		

专利名称：蓄电池搭载构造		
公开号：MX2011008831A	申请日期：2010.02.16	公开日期：2014.01.15
同族专利被引频次：105	同族专利分布国家数量：11	是否发生许可、转让：否
解决的技术问题或技术效果：利用蓄电池的配置方式来实现车辆的理想的前后方向重量平衡		
技术手段：在车辆（1）的地板（16）的下侧配置多个蓄电池（3）。设置有第一蓄电池单元（38F）和第二蓄电池单元（38R），该第一蓄电池单元（38F）沿铅垂方向层叠有多个蓄电池（3），该第二蓄电池单元（38R）沿车辆横剖方向层叠有多个蓄电池（3）。在蓄电池（3）的电力所供给的电气装置（12、13、14）的配置与乘客座椅（32F、32R）的配置关系上，通过改进配置第一蓄电池单元（38F）和第二蓄电池单元（38R）的方式，能够使车辆（1）的前后方向的重量平衡最佳化		

专利名称：影像显示后视镜及影像显示后视镜系统		
公开号：MX2014004940A	申请日期：2012.10.29	公开日期：2015.01.16
同族专利被引频次：100	同族专利分布国家数量：8	是否发生许可、转让：否
解决的技术问题或技术效果：提供一种能够减少使车上乘客因半反射镜反射的光而感受到的杂乱，提高在监视器上显示的影像的识别性的影像显示后视镜及影像显示后视镜系统		
技术手段：影像显示后视镜具有半反射镜（21）监视器（22）和联动机构（23）。半反射镜（21）用于使车上乘客观察车辆后方。监视器（22）设置在与半反射镜（21）接近的车辆前方的位置。联动机构（23）与在监视器（22）上进行影像显示的情况联动，使半反射镜（21）反射面的角度从观察车辆后方时的半反射镜（21）的位置开始变化		

专利名称：车辆充电端口装置		
公开号：MX2011012826A	申请日期：2010.05.25	公开日期：2011.12.16
同族专利被引频次：66	同族专利分布国家数量：9	是否发生许可、转让：无
解决的技术问题或技术效果：该车辆充电端口装置使得该盖的打开状态能够更容易地被视觉识别		
技术手段：包括车体，所述车体包括车舱和具有上表面的车辆前端部分；布置在所述车辆前端部分上的充电端口，所述充电端口配置成接纳充电连接器；以及充电进行过程指示器，所述充电进行过程指示器可移动地安装至所述车辆前端部分，从而沿竖直方向在通向所述充电端口的充电端口打开位置与防止通向所述充电端口的充电端口遮盖位置之间移动，当所述充电进行过程指示器处于充电端口打开位置时，所述充电进行过程指示器可通过使视线越过所述车辆前端部分的上表面而从车舱内部看到		

专利名称：车辆电池冷却结构		
公开号：MX2011012424A	申请日期：2010.05.14	公开日期：2011.12.12
同族专利被引频次：63	同族专利分布国家数量：8	是否发生许可、转让：无
解决的技术问题或技术效果：提供一种车辆电池冷却结构，能够使电池单元的上部被有效地冷却		
技术手段：一种车辆电池冷却结构设置有车体、电池单元（100）和冷却外套（20F）。该车体包括底板（3）和车体框架部件（51，53，57）。该电池单元（100）连接至车体框架部件（51，53，57）。该电池单元（100）布置在底板（3）下方。该电池单元（100）包括电池壳体（10）和电池（4）。该冷却外套（20F）连接至容纳电池（4）的电池壳体（10）的上表面		

专利名称：蓄电池搭载构造		
公开号：MX2011008827A	申请日期：2010.02.19	公开日期：2011.09.21
同族专利被引频次：44	同族专利分布国家数量：9	是否发生许可、转让：无
解决的技术问题或技术效果：通过使介于蓄电池组和电气设备之间的连接控制设备的配置方式最佳化，缩短必要的线束的长度		
技术手段：在车辆的地板的下侧配置多个蓄电池，其特征在于，该蓄电池搭载构造包括：蓄电池单元，其由多个蓄电池构成；连接控制设备，其用于控制与上述蓄电池单元相关的电连接，上述蓄电池单元具有隔开空间配置的两个蓄电池组；上述连接控制设备配置在上述空间的内侧		

专利名称：混合动力车辆的控制设备和方法		
公开号：MX2013000508A	申请日期：2011.07.19	公开日期：2013.02.21
同族专利被引频次：38	同族专利分布国家数量：10	是否发生许可、转让：无
解决的技术问题或技术效果：可以防止在引擎起动和换挡时控制设备，使驾驶者感觉驱动力增大的滞后，并造成震动和油耗的增大		
技术手段：用于当引擎的起动/停止控制和自动变速器的换挡控制中的其中一个控制正在执行的同时，请求其中另一个控制时，防止震动并使滞后和油耗的不利影响降到最低。该控制设备包括引擎、马达/发电机、第一离合器、自动变速器、整体控制器、AT控制器和引擎/变速器协调控制部。在第一控制期间生成第二控制请求的情况下，如果使得震动不超过可接受的水平的条件不成立，引擎/变速器协调控制部在请求时刻开始所述第二控制，并且如果在请求时刻开始所述第二控制的情况下使得震动超过可接受的水平的条件成立，引擎/变速器协调控制部在稍后的时刻开始所述第二控制		

专利名称：车辆		
公开号：MX2013000276A	申请日期：2011.07.25	公开日期：2013.02.11
同族专利被引频次：34	同族专利分布国家数量：6	是否发生许可、转让：无

解决的技术问题或技术效果：防止车辆在燃料箱内可能存在劣化的多余燃料的情况下进行加油		
技术手段：包括燃料箱；从所述燃料箱供给燃料的发动机；控制装置，所述控制装置报告与该车辆的使用履历相对应的加油指示		

专利名称：行驶控制装置		
公开号：MX2012007279A	申请日期：2010.12.01	公开日期：2012.07.04
同族专利被引频次：32	同族专利分布国家数量：6	是否发生许可、转让：无
解决的技术问题或技术效果：在车线变更时，防止抑制车辆的横向移动的控制的不适当介入		
技术手段：如果检测到在包含车辆后侧在内的车辆侧方存在的侧方物体，则用于抑制车辆向该侧方物体侧的横向移动的控制动作。并且在未检测到侧方物体的状态下，如果车辆为了进行车线变更而开始向相邻车线的进入，则抑制上述控制动作		

专利名称：车辆充电口结构		
公开号：MX2012000339A	申请日期：2010.06.28	公开日期：2012.02.01
同族专利被引频次：32	同族专利分布国家数量：9	是否发生许可、转让：无
解决的技术问题或技术效果：无论如何将充电口结构安装在可压变形区域，那么充电口结构在前部碰撞中不是可压变形的，并且可压变形区域的冲击能量吸收功能会被劣化		
技术手段：一种车辆充电口结构，其设置有车体（B）、充电口支撑构件（11）以及电力充电口（15）。车体（B）包括车辆前端部。该充电口支撑构件（11）被支撑在车辆前端部。充电口支撑构件（11）包括被构造和配置成在前部冲击过程中朝向车辆前端部的支撑结构变形以及变形到布置在车辆前端部的支撑结构的前方的能量吸收区域的能量吸收结构（11b、11d）。电力充电口（15）被安装到充电口支撑构件（11），该电力充电口（15）被构造成用于接收电力充电连接器		

（四）协同创新分析

日产在墨西哥提交的专利申请中，绝大多数为单独申请，申请人主要为日产汽车（NISSAN MOTOR）和日产轻型卡车公司（NISSAN MOTOR LIGHT TRUCK CO）。可见，日产以自主研发为主。其中，日产轻型卡车公司主要研发轻型皮卡车的内外饰，包括车窗、装饰板和座椅等。可见，皮卡车型在墨西哥市场的重要地位。

联合申请的专利数量为 1 件（MX164409B），申请日为 1981 年 10 月 23 日，联合申请人为新日空气制动器和东机工公司（TOKICO LTD），专利名称为"主缸",为制动器的部件,涉及底盘的制动系统。

(五) 小结

本节主要从专利申请趋势、技术构成情况以及协同创新等多方面对日产在墨西哥的专利申请情况进行了分析。日产在墨西哥专利布局时间较晚,2011—2017 年为该公司在墨西哥专利申请的快速发展期,该公司在墨西哥的研发热点为电子电器技术领域,在发动机和电子电器技术领域的专利申请有增加的趋势,研发的重点在电子信息系统和发动机控制;日产在墨西哥的技术研发主要依靠自主开发,协同创新研发较少。

四、法雷奥

法雷奥是一家总部位于法国的专业致力于汽车零部件、系统、模块的设计、开发、生产及销售的工业集团。法雷奥雨刮在汽车配套市场中有全球最高的市场占有率,是奔驰、宝马、奥迪等高级轿车的配套雨刮。作为世界顶尖汽车零部件供应商之一,法雷奥在 2012 年销售总额达到 118 亿欧元,在全球 29 个国家内共拥有约 72600 名员工。

1980 年,法雷奥开设了其在美国的第一家生产基地,生产热系统产品。随后于 1982 年在墨西哥开设了另一处生产基地,生产的产品包括挡风玻璃雨刷、电子系统、压缩机和发动机冷却系统。

法雷奥耗资 4300 万美元在墨西哥圣路易斯波多西建设新厂用于生产热系统,新工厂将使公司在该地区的产能增加一倍,工厂于 2019 年第一季度开始运行,并提供 600 个新增就业机会。可见,法雷奥有扩张墨西哥市场的意图。

(一) 专利情况

图 4-12 为法雷奥在墨西哥的专利分布沙盘图,从图中可以看出,法雷奥专利技术申请集中区域包括:擦拭器、雨刮器、挡风玻璃、交流发电机、离合器和热交换器等。从 3D 沙盘图角度看,上述技术分支与法雷奥的主营业务涵盖范围——离合器、雨刮系统、起动机、发电机、发动机冷却系统等相符合。

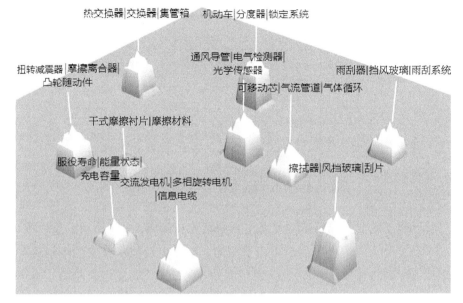

图 4-12　法雷奥在墨西哥的专利申请分布沙盘图

法雷奥在墨西哥提交有关汽车的专利申请共 251 件，在专利申请人的申请量排名中居第三位。法雷奥在墨西哥申请专利较晚，最早的专利申请年为 1996 年。图 4-13 为法雷奥有关汽车关键技术的专利申请趋势，从图中可以看出，法雷奥在墨西哥的专利申请可大致分 4 个阶段。2002—2004 年为第一阶段，是专利申请的快速增长期，这一时期专利申请数量从 2002 年的 1 件上升到 2004 年的 15 件。2005—2010 年为第二阶段，专利申请数量保持在一个区间震荡，均在 10 件左右，2009—2010 年爆发的全球经济危机导致 2010 年的专利申请量下降到 6 件。第三阶段为 2011—2017 年，由于墨西哥从经济危机中逐渐恢复，法雷奥的专利申请也出现了波段上升的总体趋势，在 2017 年达到 28 件的申请量峰值，远远高于 2004 年的 15 件。第四阶段，2018—2021 年专利申请量下滑的原因在于有部分专利申请尚未公开，因此产生的下跌趋势并不真实。

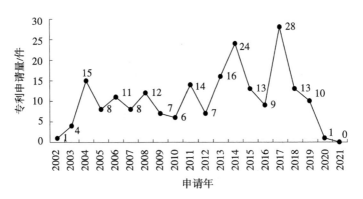

图 4-13　法雷奥在墨西哥的专利申请趋势

法雷奥的汽车各关键技术分支专利申请趋势如图 4-14 所示。可以看出，各一级技术分支的专利申请趋势均不相同，电子电器技术分支的申请趋势与总的专利申请趋势基本相同，2012—2017 年出现了大幅度增长趋势，电子电器技术分支在 2017 年出现了 20 件的申请量峰值。发动机技术分支在 2014 年出现了 12 件申请量峰值，内外饰技术则在 2017 年出现了 5 件的申请量峰值，车身技术在 2015 年、2016 年和 2019 年均提交了 3 件专利申请。

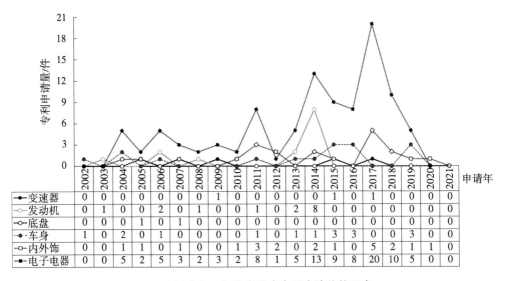

图 4-14　法雷奥各一级技术分支专利申请趋势示意

法雷奥各二级技术分支的专利申请趋势如图 4-15 所示。由于法雷奥为汽车零部件供应商，供应的产品并没有涉及全部二级技术分支，涉及的主要技术分支为电子电器和车身外饰，其他技术分支分布较少，有较多的技术分支没有专利布局，如传动系统、行驶系统和发动机相关二级技术分支等。

从图中可以看出，电器系统和车身外饰是法雷奥研发持续期最长的技术分支，在 2017 年两个技术分支均出现了专利申请量峰值，其中电器系统申请量为 20 件，车身外饰申请量为 5 件。可见，法雷奥的研发重点为电器系统，主要涉及雨刮系统和洗涤系统，车身外饰中主要涉及车灯技术领域。

发动机起动技术分支的专利申请主要集中在 2004—2013 年这一阶段，之后就未出现专利申请。发动机进气供给技术分支在 2014 年出现了 8 件专利申请量的峰值，主要涉及发动机增压和废气再循环技术。

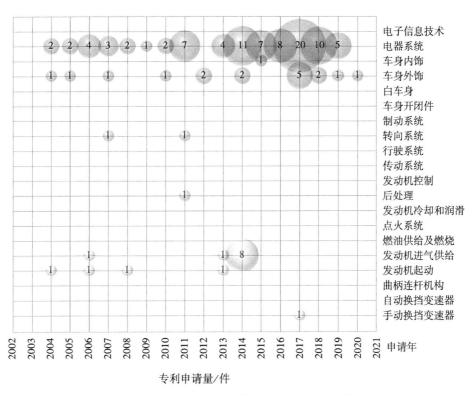

图 4-15 法雷奥各二级技术分支专利申请趋势

（二）技术分布

如图 4-16 所示，从汽车六大关键技术来看，和其他零部件供应商单一的技术布局不同，法雷奥在墨西哥的技术分布较多，一级技术分支专利申请量最多的是电子电器技术分支，申请量为 106 件，占比为 40%；六大关键技术之外的其他技术分支申请量为 90 件，占比为 34%，主要涉及电机和锁具等结构；其他技术分支分布较少，内外饰技术分支申请量为 24 件，发动机技术分支申请量为 23 件，车身技术分支申请量为 19 件，变速器技术分支和底盘技术分支申请量分别仅有 3 件和 2 件。从一级技术分支上看，法雷奥的技术优势是电子电器。

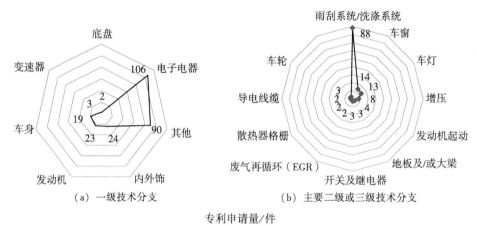

（a）一级技术分支　　　　　（b）主要二级或三级技术分支

专利申请量/件

图 4-16　法雷奥的研发热点雷达图

在汽车二级和三级技术分支方面，法雷奥的专利布局最多的三级技术分支为雨刮系统/洗涤系统，申请量达到 88 件，遥遥领先于其他技术分支；排名第二位到第四位的依次是车窗（14 件）、车灯（13 件）和增压（8 件），其他三级分支的专利申请量均少于 5 件。可见，法雷奥的技术研发优势仍然是其主营的产品，涉及雨刮系统、车窗和车灯等。此外，其在发动机增压、发动机起动等技术领域也布局了一些专利。相比于其他汽车零部件供应商较为单一的技术布局，法雷奥的专利布局技术分支更多，寻求产品多元化的发展。

（三）重点专利分析

根据法雷奥在墨西哥专利申请的同族专利数量、被引频次、诉讼、许可、转让等因素，综合判断其重点专利，表 4-5 和表 4-6 为法雷奥重要专利的概况与详情。

表 4-5　法雷奥在墨西哥申请的部分重点专利列表

公开号	同族专利被引频次	布局国家/地区	是否诉讼	是否许可	是否转让
MX2011003242A	210	DE，JP，KR，WO，CN，EP，MX，PL，HU，US	无	无	无
MX2007007828A	192	BR，DE，AT，JP，WO，CN，EP，FR，CA，US	无	无	无
MX2008012325A	119	BR，JP，WO，CN，EP，MX，FR，PL，US，ES	无	无	无
MX2011003243A	99	DE，WO，CN，EP，KR，MX，HU，PL	无	无	无
MX2010010477A	96	WO，FR，EP，KR，US，CN，IN，JP，MX，RU，BR，ES，HU，PL	无	无	无
MX2014002895A	89	WO，FR，CA，EP，MX，CN，JP，KR，RU，US，BR	无	无	无
MX2015008039A	82	RU，IN，JP，KR，CN，EP，MX，FR，ES，BR，WO，PL，US，TR	无	无	无
MXPA03002267A	67	BR，JP，KR，WO，EP，CN，MX，US	无	无	无
MX2007009303A	42	BR，IN，JP，KR，WO，CN，EP，MX，FR，US	无	无	无
MX2011003556A	33	WO，IT，CN，EP，KR，US，BR，IN，JP，MX，RU	无	无	无

表 4-6　法雷奥在墨西哥申请的部分重点专利详情

专利名称：擦拭器臂/擦拭器刮片连接结构和擦拭器刮片		
公开号：MX2011003242A	申请日期：2009.09.21	公开日期：2011.04.21
同族专利被引频次：210	同族专利分布国家数量：10	是否发生许可、转让：否
解决的技术问题或技术效果：允许可电加热的擦拭器刮片简单地连接到擦拭器臂和从该擦拭器臂分离，该擦拭器刮片同时装备有用于向车辆挡风玻璃施加清洁或洗涤流体的喷射嘴		

技术手段：包括安装在擦拭器刮片上的擦拭器刮片适配器（4），用于将擦拭器刮片可拆卸地固定到擦拭器臂。擦拭器刮片被设计为扁平擦拭器刮片并在擦拭器刮片的至少一个纵向侧上包括至少一个喷射口（11.1、12.1）和/或具有喷射口的至少一个喷射或分配通道（11、12），用于向车辆挡风玻璃施加清洁或洗涤流体。该连接结构进一步包括在适配器端部上的擦拭器刮片适配器上的至少一个流体连接件（32、33），用于将所述至少一个喷射口和/或所述至少一个喷射或分配通道可拆卸地连接到用于供应洗涤或清洁流体的至少一个外部液体管线（14），即经由连接到所述至少一个液体管线并可拆卸地连接到所述至少一个液体管线的连接单元（39）

专利名称：普适的平面风挡刮水器及相关的可拆卸连接器		
公开号：MX2007007828A	申请日期：2005.12.16	公开日期：2007.07.25
同族专利被引频次：192	同族专利分布国家数量：10	是否发生许可、转让：否
解决的技术问题或技术效果：其能通过使用比现有技术中它的配对物更少的花费来避免现有技术的问题，同时潜在地适配任何类型的驱动臂		
技术手段：包括擦拭带（110），联动支承件（120）安装在该擦拭带上，该联动支承件应与所述平面风挡刮水片（100）连接。该发明的显著之处在于联动支承件（120）能实体地且刚性地以可拆卸的方式安装到连接器（130，140，150）上，而连接器本身能以可拆除的方式与驱动臂（160，170，180）连接		

专利名称：擦拭器刮片		
公开号：MX2008012325A	申请日期：2007.03.21	公开日期：2008.10.10
同族专利被引频次：119	同族专利分布国家数量：10	是否发生许可、转让：否
解决的技术问题或技术效果：可以更特别地被定位以减少过压应力的效果，以便能够隐藏和保护连接结构，并且使连接/拆卸更容易		
技术手段：连接器被设计为安装在带有运送清洁和除冰流体的穿孔管的擦拭器刮片上，并包括适用于连接到流体供应件的至少一个进口连接件和至少一个分配器，该分配器设有被设计为连接到穿孔管的至少一个出口连接件。连接器还包括用于将流体从进口连接件运送到分配器的至少一个内部路径。因此，通过穿过连接器的内部路径，进口连接件可被定位在连接器上的不同位置，而不直接进入分配器		

专利名称：擦拭器臂/擦拭器刮片连接结构、擦拭器刮片和挡风玻璃擦拭器装置		
公开号：MX2011003243A	申请日期：2009.09.21	公开日期：2011.04.21
同族专利被引频次：99	同族专利分布国家数量：8	是否发生许可、转让：否

解决的技术问题或技术效果：该擦拭器刮片可被加热并具有用于向车辆挡风玻璃施加洗涤或清洁流体的喷射嘴或口，可容易地附连到挡风玻璃擦拭器模块的擦拭器臂并从之取下，其中优选地使用简单装置，实现用于清洁或洗涤流体的至少一个供应或流体管线的加热
技术手段：包括安装在擦拭器刮片（5、5a、5b）上的擦拭器刮片适配器（6），用于将擦拭器刮片（5、5a、5b）可拆卸地固定到擦拭器臂（1）。擦拭器刮片（5、5a、5b）被设计为扁平擦拭器刮片（5、5a、5b）并包括至少一个擦拭器刮片纵向侧上的至少一个喷射口（11.1、12.1）或具有喷射口（11.1、12.1）的至少一个喷射或分配通道（11、12），用于向车辆挡风玻璃施加清洁或洗涤液体

专利名称：用于车辆风挡的擦拭器		
公开号：MX2010010477A	申请日期：2009.03.23	公开日期：2010.10.20
同族专利被引频次：96	同族专利分布国家数量：14	是否发生许可、转让：否
解决的技术问题或技术效果：其使得可以消除涉及包含在一个或多个喷射管（当擦拭器设有这种管时）中的清洗液冻结的缺陷		
技术手段：其包括结构构件，该结构构件至少包括：纵向基底（10）；设置为所述基底（10）的延伸部（11）的增强杆（20）；连接至所述基底（10）的擦拭刮片（30）；附件（40），包括用于喷射清洗液的至少一个管（42a、42b），所述附件（40）被组装在所述基底（10）上		

专利名称：用于开启机动车辆的可移动面板的方法		
公开号：MX2014002895A	申请日期：2012.09.12	公开日期：2014.04.30
同族专利被引频次：89	同族专利分布国家数量：11	是否发生许可、转让：否
解决的技术问题或技术效果：该方法对该被授权的人赋予有效且可靠的开启面板的权限，同时需要低电功率消耗		
技术手段：步骤A(1)——个人的至少一个身体部分的存在被电容或非电容传感器检测；步骤B(2)——个人被验证为被授权，以通过验证器件解锁车辆；步骤C(5)——虚拟开关通过将光图案投影到机动车辆所在地面上而产生；步骤D(6)——个人放好脚的位置，以便以预定方式遮挡该虚拟开关；步骤E(7)——如果脚没有以预定方式定位，信号会被发送以重新开始步骤D；如果脚以预定方式定位，则控制器件开启可移动面板		

专利名称：用于机动车辆的传扭装置的扭转减震器		
公开号：MX2015008039A	申请日期：2013.12.20	公开日期：2015.10.29
同族专利被引频次：82	同族专利分布国家数量：14	是否发生许可、转让：否

解决的技术问题或技术效果：减震部件相较于现有技术的螺旋弹簧而言对离心力较不敏感，并且当内燃机的转速变大时，减震部件的减震能力不受影响
技术手段：扭转减震器具有围绕转动轴 X 相对于彼此可转动的第一元件（1）和第二元件（2）；以及减震部件，用于传递扭矩并减轻第一元件（1）与第二元件（2）之间的转动的非周期性。减震部件具有弹性片（4），其被安装成与第一元件相固连，并设置有凸轮表面（6）；扭转减震器具有凸轮随动件（5），该凸轮随动件由第二元件支承，并设置成与所述凸轮表面（6）配合

专利名称：用于旋转电机（特别是汽车交流发电机）的电流整流装置		
公开号：MXPA03002267A	申请日期：2002.07.16	公开日期：2003.07.21
同族专利被引频次：67	同族专利分布国家数量：8	是否发生许可、转让：否
解决的技术问题或技术效果：整流装置的缺点是不能提高冷却能力，使其可以用在功率更大的交流发电机中，同时又保证一个可以接受的体积		
技术手段：它包括多个由一个板形支座（1）支撑的正二极管，多个由机器的后支承（6）带有的负二极管（7），一个使正、负二极管电连接的连接装置（9）和一种冷却流体的轴向强迫流的发生装置，二极管的支座（1）带有一些冷却叶片，这些叶片在冷却流体的所述轴向流动中沿机器的径向延伸		

专利名称：控制诸如汽车热机起动器的热机起动器的装置和包括该装置的起动器		
公开号：MX2007009303A	申请日期：2006.01.31	公开日期：2007.09.11
同族专利被引频次：42	同族专利分布国家数量：10	是否发生许可、转让：否
解决的技术问题或技术效果：总体来说，该电流和扭矩峰值引起作用在起动器的电动机与诸如热机的曲柄轴的输出轴之间的移动传送装置退化的风险。该电流峰值同样在电刷（25）处引起电流峰值，这样本质上会减少使用寿命。另外，还会出现移动触头（129）偶然"黏至"固定触头（38）的风险		
技术手段：设置具有串联安装的磁场线圈（17）和电枢线圈（21）的电动机（11），该磁场线圈具有多个绕组，该装置包括设置有端子（36、37）的电力触头（400），其中一个端子（36）连接至电池的正极端子（+Bat），另一个端子（37）连接至具有多个绕组（502、503、701～704）的磁场线圈（17）		

专利名称：具有改进的解锁机构的车辆把手		
公开号：MX2011003556A	申请日期：2009.07.11	公开日期：2011.07.27
同族专利被引频次：33	同族专利分布国家数量：11	是否发生许可、转让：否
解决的技术问题或技术效果：获得紧凑而可靠的把手，特别是当摇杆绕大致平行的轴线旋转时		

> 技术手段：包括可绕第一轴线（4）旋转并被机械地连接到第一摇杆（9）的杆（2），当杆（2）绕第一轴线（4）旋转时，该第一摇杆可绕第二轴线（10）旋转，用于拉动可在机械地连接到杆（2）的管（12）中滑动的缆线（11），以使杆（2）绕第一轴线（4）旋转时，管（12）沿与缆线（11）的方向相反的方向移动

（四）协同创新分析

法雷奥成立于 1923 年，现已成为各大汽车制造商的合作伙伴，业务遍及 33 个国家，是全球领先的汽车零部件供应商之一，具有完善的研发体系。法雷奥在墨西哥提交的专利申请均为单独申请。

法雷奥作为汽车零部件供应商，主要产品为雨刮系统、起动机、发电机和照明系统等。作为行业领军者，其掌握了核心技术，研究开发均采用自主研发形式，在协同创新方面较为欠缺。

（五）小结

本节主要从专利申请趋势、技术构成情况以及协同创新等多方面对法雷奥在墨西哥的专利申请情况进行了分析。法雷奥在墨西哥申请专利较晚，2011—2017 年为该公司在墨西哥专利申请的研发高峰期，该公司在墨西哥的研发热点为电子电器技术分支，更具体的研发重点为雨刮系统/洗涤系统，此外在车灯、车窗的锁具和发动机起动方面也布局了专利。法雷奥相比于其他汽车零部件供应商的专利布局技术分支更多，以寻求产品多元化的发展。法雷奥在墨西哥的技术研发全部依靠自主开发，协同创新研发较为薄弱。

五、本田

纵观本田在墨西哥的发展，随着 1985 年本田墨西哥分公司（Honda de México SA de CV）的诞生，本田在哈利斯科州建造了墨西哥第一家本田工厂。该工厂目前制造 CR-V 汽车，年产量达 63000 台。自 1995 年以来，雅阁就在这里生产，并于 2007 年改为制造本田 CR-V 模型。自 2002 年以来，雅阁轿车的部分产品已出口到巴西，该车型为最初的公司增加了产量。

本田自 2012 年初，向塞拉亚工厂投资 8 亿美元，在塞拉亚的新工厂开始投产，这是其在墨西哥的第二个汽车组装厂。该工厂年产量达到 200000 台。这个工厂已经开始生产新款 Fit 小型车，从 2014 年末起开始生产小型越野车。塞拉亚是综合性的工厂，引进了大量日本寄居町工厂的超现代化技术，其中有高速随动冲压机，它所包含的高速换模系统能够提高大约 40% 的效率；一个三层喷涂、两次烘烤的水基喷漆系统，这能代替传统的四层喷涂、三次烘烤的加工过程，节省能源高达 40%。

本田在塞拉亚附近还注资 4.7 亿美元建设变速器厂，到 2015 年中期投产，可达到年产 350000 个无级自动变速器（CVT），提供给美国产车型。

目前，本田通过在墨西哥近 40 年的经营，萨尔瓦多工厂聚集了 2000 多名员工，致力于每年生产超过 70000 辆汽车，还生产不同型号的摩托车和零配件。开发产品的强大能力以及产品在市场中被广泛接受，是本田在墨西哥业务增长的关键因素。

据墨西哥汽车工业协会（AMIA）/INEGI 发布的汽车销量（包含进口车）显示，本田墨西哥分公司在墨西哥 2018 年的汽车销量为 83821 辆，市场排名第 7 位，市场占有率为 5.9%。在 2019 年 1—11 月，本田汽车在墨西哥的销量为 66318 辆，对比 2018 年，同比增长 -11.5%，销量和出口量有降低的趋势。

（一）专利情况

本田在墨西哥的专利申请分布如图 4-17 所示。可以看出，本田的专利申请集中区域包括车架、换挡离合器、传输电线/座椅状态/自动发动机等。在空气滤清器、激励电流和行程限制等领域专利布局较少。从 3D 沙盘图角度看，本田的技术优势在于底盘和发动机。

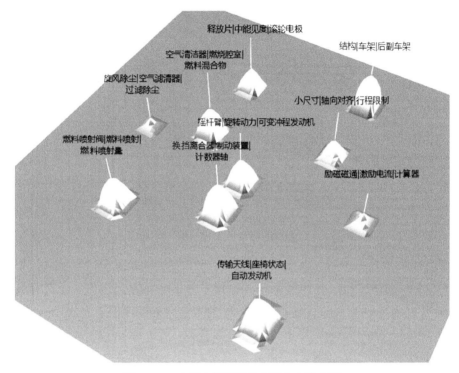

图 4-17 本田在墨西哥的专利分布沙盘图

本田在墨西哥提交有关汽车的专利申请共 222 件，在专利申请人的申请量排名中居第四位。图 4-18 为本田在墨西哥有关汽车关键技术的专利申请趋势。从图中可以看出，本田在墨西哥的专利申请可大致分三个阶段。2008 年以前为第一阶段，这段时间本田在墨西哥申请了较多专利，其中在 2005 年达到了峰值 38 件。可以看出，本田较早开始重视在墨西哥的专利布局。但是在 2006—2008 年，专利申请量下降较快，整体形成一个波峰期。第二个阶段为 2009—2016 年，这段时间本田专利的申请量相对平稳，年申请量呈波浪形变化，维持在 9~17 件，可见，本田在墨西哥的技术研发已经逐渐成熟。2017 年以后，本田的专利申请量有所减少，年均不超过 10 件。一方面原因可能在于本田在墨西哥的布局较早，已经完成阶段性布局，在未有新的核心技术之前所做的改动较小，其申请的专利是前期技术的改进；另一方面原因可能是墨西哥专利申请公开的滞后性，因此，下跌趋势并不真实。

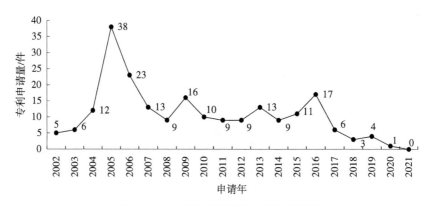

图 4-18　本田在墨西哥的专利申请趋势

从图 4-19 所示的各关键技术分支专利申请趋势可以看出，各一级技术分支的申请趋势略有不同，发动机技术分支的申请量主要集中在较早期，其峰值为 2005 年的 28 件，在当年远超其他技术分支；而内外饰技术分支的申请量则在 2009 年达到峰值；底盘技术分支的申请量较为平稳，在 2016 年达到峰值；本田在墨西哥的电子电器技术发展较早，但是申请量在后期减少；车身技术分支的专利申请则集中在 2012—2017 年；变速器技术分支的专利申请量较少。可见，本田在墨西哥的研发布局前期集中在发动机技术分支，后期研发布局不明显。

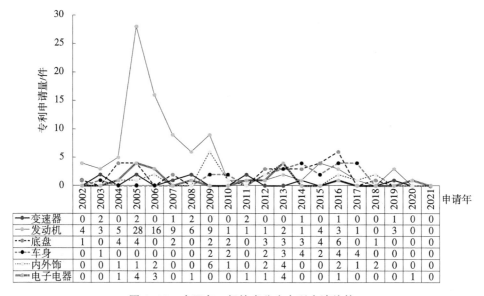

图 4-19　本田各一级技术分支专利申请趋势

本田在 2002—2021 年各二级技术分支的专利申请趋势如图 4-20 所示。可以看出，各二级技术分支的增长趋势不明显，其中发动机冷却和润滑、后处理、发动机进气供给、曲柄连杆机构技术分支的专利申请趋势相似，都集中在 2002—2009 年，峰值集中在 2005 年或 2006 年，不过增长趋势不明显；后处理、曲柄连杆的专利申请时间偏于前期，从 2006 年后便再无申请，发动机冷却和润滑、发动机进气供给则在前中期都有专利申请。燃油供给及燃烧的技术分支的专利申请连续性较强，申请峰值在 2005 年，除了 2008 年外，2005—2012 年一直有专利申请。电子信息技术、发动机控制、车身内饰、车身外饰、白车身、行驶系统技术分支专利申请分布较为散乱，2002—2019 年陆续有专利申请，无明显的增长趋势。电气系统、车身开闭件、制动系统、转向系统、点火系统、发动机起动、手动换挡变速器、传动系统技术分支的申请量较少，年申请量不超过 4 件。可见，本田已经淡出上述技术的研发创新。

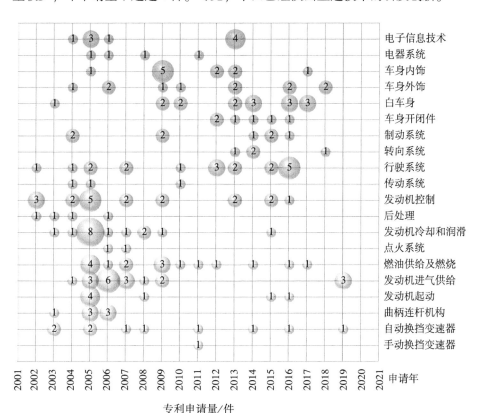

图 4-20　本田各二级技术分支专利申请趋势

（二）专利技术分布

如图 4-21 所示，从汽车六大关键技术来看，本田在墨西哥的专利布局重点集中在发动机领域，共提交专利申请 101 件，占汽车相关专利总申请量的43%；其次是底盘技术、车身技术和内外饰技术，分别为 38 件、24 件和 22件，占比分别为 16%、10% 和 9%；电子电器、变速器技术领域提交的专利申请相对较少，分别为 17 件、12 件。

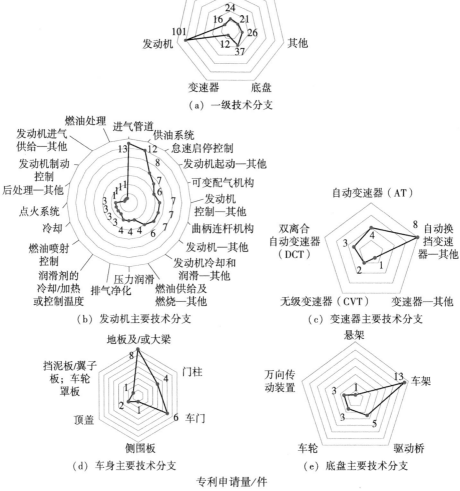

图 4-21　本田研发热点雷达图

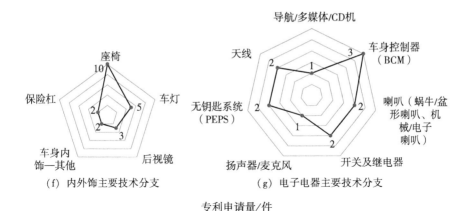

（f）内外饰主要技术分支　　　　（g）电子电器主要技术分支

专利申请量/件

图 4-21　本田研发热点雷达图（续）

在发动机的二级和三级技术分支方面，本田的专利布局主要在进气管道（13件）、供油系统（12件）、怠速启停控制（8件）、可变配气机构（6件）、曲柄连杆机构（7件），其他三级分支的专利申请量均少于5件。此外，与其他申请人不同的是，本田在增压方面的专利申请量为0。可见，本田在发动机领域的研发重点在于进气管道、供油系统技术，这与本田发动机经济节油的特点对应。

在变速器技术分支方面，自动变速器（AT）、双离合自动变速器（DCT）和无级变速器（CVT）的申请量分别为4件、3件和2件，这表明自动换挡变速器是本田变速器研发的重点。这与自动变速器因具备提高车辆舒适性、操作简单的优势而引发全球范围内的企业投入大量人力和物力进行研发的趋势相吻合。

在车身技术分支方面，专利申请主要集中在地板及/或大梁、车门技术分支，申请量分别为8件、6件，其他技术分支均不超过5件，其中门柱4件，顶盖2件，挡泥板/翼子板和车轮罩板1件、侧围板1件。车身技术趋于成熟，可研发创新的领域不多，仅在涉及整车安全的地板及/或大梁技术分支有较多专利申请。

在底盘技术分支方面，其专利布局主要在车架技术分支，申请量为13件，远多于其他分支；其次是驱动桥技术、万向传动装置技术以及车轮技术，申请量分别为5件、3件、3件，这与客户对汽车驾驶性能、舒适性和安全性的需求有较大关系。车架是整个汽车的基体，用于承受来自车内外的各种荷载；而驱动桥直接决定汽车整体的操控性和舒适性表现；良好的车轮、万向转动装置均能直接提升乘用车的舒适性。悬架系统技术的申请量较少，申请量为1件。

在内外饰技术分支方面，座椅是车身内饰中提升舒适度最为明显的部件，因此专利申请量占比较大，申请量为10件；其次是涉及夜间行车安全的车灯，申请量为5件；后视镜、保险杠申请量较少，分别为3件、2件。可见，本田在内外饰方面主要研发方向为座椅技术。

在电子电器技术分支方面，本田的技术研发分布较为分散，未形成专利布局重点。

（三）重点专利分析

根据本田在墨西哥专利申请的同族专利数量、被引频次、诉讼、许可、转让等因素，综合判断其重点专利，表4-7和表4-8为本田重要专利的概况与详情。

表4-7　本田在墨西哥申请的部分重点专利列表

公开号	同族专利被引频次	布局国家/地区	是否诉讼	是否许可	是否转让
MX2010011234A	117	ZA, EP, AR, CN, ES, KR, IN, JP, MY, RU, WO, AU, BR, CA, MX, US	否	否	否
MX2010008156A	114	AT, US, CA, JP, MX, TW, CN, EP, ES, KR, WO, AU, BR, IN, PL, RU	否	否	否
MX2010005658A	105	WO, AU, CA, EP, KR, MX, AT, CN, TW, US, BR, MY	否	否	否
MXPA04002369A	86	CN, WO, JP, MX, AU, CA, EP, KR, US, DE, TW	否	否	否
MX2010004536A	68	CN, EP, CA, TW, WO, AT, DE, MX, MY, US	否	否	否
MXPA06012498A	71	MX, IN, CA, RU, US, CN, EP, JP, TW, KR, WO	否	否	否
MXPA03003391A	70	TW, ES, AU, US, CN, DE, MX, CA, BR, EP, KR, JP	否	否	否

续表

公开号	同族专利被引频次	布局国家/地区	是否诉讼	是否许可	是否转让
MXPA02003483A	69	US, CN, EP, MX, CA, DE	否	否	否
MXPA04002616A	66	CN, MX, JP, KR, US, AU, CA, EP, TW, WO, DE	否	否	否

表 4-8　本田在墨西哥申请的部分重点专利详情

专利名称：混合动力车辆用驱动装置		
公开号：MX2010011234A	申请日期：2009.02.19	公开日期：2010.12.21
同族专利被引频次：117	同族专利分布国家数量：16	是否发生许可、转让：否

解决的技术问题或技术效果：提供能够不受发动机配合面的制约而使发电机外径增大，且能够使轴长缩短的混合动力车辆用驱动装置

技术手段：混合动力车辆用驱动装置（100）具有相互平行地配置的发动机轴（1）、发电机轴（2）以及空转轴（3），发电机轴至少具有内周轴（2a）和以能够相对于该内周轴（2a）旋转的方式安装的中空的外周轴（2b）。与发动机（50）的曲轴（51）连接的发动机轴（1）经由发电机驱动齿轮（10）与在轴线上设有发电机（60）的发电机轴（2）的内周轴（2a）连接。此外，在轴线上还设有马达（70）的发电机轴（2）的外周轴（2b），经由马达驱动力传递齿轮（20）与空转轴（3）连接，发动机轴（1）和空转轴（3）经由发动机驱动力传递齿轮（30）连接。空转轴（3）和差速装置（45）经由末端传动齿轮（40）连接，差速装置（45）经由差动轴（46）与驱动轮（47、47）连接。此外，在发动机轴（1）设有经由发动机驱动力传递齿轮（30）使发动机轴（1）与空转轴（3）之间的动力传递连接或断开的离合器（80）

专利名称：混合动力车辆		
公开号：MX2010008156A	申请日期：2009.01.23	公开日期：2010.12.08
同族专利被引频次：114	同族专利分布国家数量：16	是否发生许可、转让：否

解决的技术问题或技术效果：确保车身后部的后行李箱的容量，并保护收纳电气部件的箱体、燃料箱以及碳罐不受碰撞的冲击

技术手段：燃料箱（42）配置在地板（41）的下方，在该燃料箱（42）的正后方且在由左右的后纵梁（12）夹设的后行李箱（58）的底板下配置了收纳电气部件的箱体（14），该电气部件至少包含电池模块（24），碳罐（48）配置在所述箱体（14）的左右方向上。由于将碳罐（48）配置在比后纵梁（12）的左右方向外端靠内侧且比箱体（14）的后端靠前方的位置，因此能够确保车身后部的后行李箱的容量，并且当车辆受到侧向碰撞时能够利用后纵梁（12）保护箱体（14）和碳罐（48）不受冲击，当车辆受到后部碰撞时能够利用箱体（14）保护燃料箱（42）和碳罐（48）不受冲击

专利名称：车辆用电源装置		
公开号：MX2010005658A	申请日期：2008.11.18	公开日期：2010.06.08
同族专利被引频次：105	同族专利分布国家数量：12	是否发生许可、转让：否
解决的技术问题或技术效果：目的在于阻止水从悬挂框架的外周面浸入防水箱的内部，其中该悬挂框架贯通对电池组件或高压电气配件进行收容的防水箱与盖构件的对合面		
技术手段：在悬挂框架（16）上形成有倾斜部（16c），该倾斜部（16c）从防水箱（14）的相互对置的两个侧缘向外部斜上方延伸出，防水箱（14）的上面开口部（14b）及盖构件（15）的外周部具备以覆盖悬挂框架（16）的倾斜部（16c）方式向上方延伸的延伸部（14a、15a）。由此，在盖构件（15）的上表面流动的水或在盖构件（15）的上表面积存的水被延伸部（14a、15a）阻止，能够防止水从悬挂框架（16）的外周面浸入防水箱（14）的内部，其中该悬挂框架（16）贯通收容电池组件（24）或高压电气配件（33）的防水箱（14）与盖构件（15）的对合面		

专利名称：减速停缸发动机车辆中的故障检测装置		
公开号：MXPA04002369A	申请日期：2002.09.13	公开日期：2004.05.31
同族专利被引频次：86	同族专利分布国家数量：11	是否发生许可、转让：无
解决的技术问题或技术效果：提供具有通过传动装置使工作油的油压作用于停缸一侧路径，通过关闭吸气阀和排气阀双方来使一部分气缸停止，能使工作油的油压相对地作用于停缸解除一侧路径来解除吸气阀和排气阀双方的闭锁状态的减速停缸发动机的车辆中的故障检测装置		
技术手段：减速停缸发动机通过传动装置使工作油的油压作用于停缸一侧路径并通过关闭吸气阀和排气阀双方来使一部分气缸停止，能使工作油的油压相对地作用于停缸解除一侧路径来解除吸气阀和排气阀双方的闭锁状态。其特征在于该故障检测装置包括判定检测所述停缸解除一侧路径的油压的POIL传感器的输出值是否满足各车辆运转状态中的工作油的油压的阈值条件的油压条件判定装置（步骤S204、S212），以及当通过所述油压条件判定装置判定为工作油的油压未满足阈值条件时判定为异常的异常判定装置（步骤S207、S215）		

专利名称：车身前部构造		
公开号：MX2010004536A	申请日期：2008.11.21	公开日期：2010.05.20
同族专利被引频次：68	同族专利分布国家数量：10	是否发生许可、转让：无
解决的技术问题或技术效果：提供一种改进的车身前部构造，其使得各前侧框架具有足够的刚度以不产生异常弯曲，并且实现前侧框架的轻量化；能够适当地吸收由于低速碰撞和高速碰撞所引起的冲击能量，并且能够在大的、明显的加速度变化率的范围内设定适当的安全气囊展开加速度阈值		

技术手段：通过将外侧冲击吸收区段（63）的内侧壁部分（78）定位为比前侧框架（11，12；91）的外侧壁（33，103）更加靠近车身的纵向中心线（48）而构成重叠区段（81），使碰撞冲击负荷能够通过重叠区段传递至外侧壁部分。内侧冲击吸收区段（62）向前伸出的长度比外侧冲击吸收区段（63）更长。因此，安全气囊展开的加速度阈值 G_s 被设定在当内侧冲击吸收区段（62）由于冲击能量而变形时的加速度等级和当内、外侧冲击吸收区段（62，63）变形时的加速度等级之间的范围内

专利名称：内燃机的控制装置		
公开号：MXPA06012498A	申请日期：2005.04.21	公开日期：2007.01.31
同族专利被引频次：71	同族专利分布国家数量：11	是否发生许可、转让：无
解决的技术问题或技术效果：该发明的内燃机控制装置即使在存在所计算出的吸入空气量的可靠性下降的可能性的情况下，也能提高燃油控制和点火正时控制的控制精度，并可削减制造成本		
技术手段：控制装置根据气门升程、凸轮相位以及压缩比计算第一进气估算量，根据由空气流量传感器所检测出的空气流量计算第二进气估算量，当根据发动机转速、气门升程、凸轮相位以及压缩比所计算的估算流量 Gin_vt 为 Gin_vt≤Gin1 时，根据第一进气估算量决定燃油喷射量，当 Gin2≤Gin_vt 时，根据第二进气估算量决定燃油喷射量		

专利名称：可变冲程发动机		
公开号：MXPA03003391A	申请日期：2003.04.16	公开日期：2004.04.02
同族专利被引频次：70	同族专利分布国家数量：12	是否发生许可、转让：无
解决的技术问题或技术效果：提供一种可变冲程发动机，该可变冲程发动机减小了发动机的总尺寸，减少了结构部件地数目，同时减小了机械噪声和摩擦损失		
技术手段：一种可变冲程的发动机，其包括连杆，该连杆的一端通过活塞销与活塞相连。子杆通过曲柄销与曲轴相连，且该子杆还与连杆的另一端相连。控制杆的一端与子杆在远离该子杆与连杆相连位置的位置处进行连接。偏心轴与连杆的另一端相连。该偏心轴在相对于旋转轴偏心的位置处，动力以 1/2 的减速比从曲轴传递给旋转轴。吸气凸轮和排气凸轮形成阀操作机构的一部分，并布置在旋转轴上		

专利名称：电动机控制装置及混合动力车辆控制装置		
公开号：MXPA02003483A	申请日期：2002.04.04	公开日期：2002.10.10
同族专利被引频次：69	同族专利分布国家数量：6	是否发生许可、转让：无
解决的技术问题或技术效果：提供能够不用温度传感器、以廉价简易的手段防止电动机过热状态的电动机控制装置		

续表

技术手段：包括利用转矩指令修正手段（34）对转矩指令值 TRQ 进行修正的修正转矩指令值 P–TRQ 与电动机的电枢电流近似成正比，用该修正转矩指令值 P–TRQ 及其平均值 P–ATRQ，在每个规定循环时间求得电动机推定温度变化量 Δt_f。利用例如模糊推理运算处理进行该推定温度变化量 Δt_f 的计算。再利用积分手段（37）对该推定温度变化量 Δt_f 进行积分，求得累计温度变化量 ΔT_f，在该累计温度变化量 ΔT_f 超过规定值时，对电动机限制输出

专利名称：混合动力车辆的控制装置		
公开号：MXPA04002616A	申请日期：2002.09.19	公开日期：2004.07.08
同族专利被引频次：66	同族专利分布国家数量：11	是否发生许可、转让：无
解决的技术问题或技术效果：提供可以根据蓄电装置中的可能使用的容量进行控制的混合动力车辆的控制装置		
技术手段：一种用于混合动力车辆的控制装置，在步骤 S357 中，判定能量存储带区 B 的标志 F_ESZONEB 的标志值是不是"1"，并且在判定结果为"是"时，进入步骤 S358。在步骤 S358 中，对于伴随电池剩余容量 SOC 的可使用区域 PECAPFIB 的增加的在增加倾向上变化的 WOT 助推量系数下限表值 KQBWOASTL 进行表检索。在步骤 S359 中，对于在 WOT 助推量系数下限表值 KQBWOASTL 和规定的上限值之间，伴随电池剩余容量 SOC 的增加在增加倾向上变化的 WOT 助推量系数表值 KQBWOAST 进行表检索，将 WOT 助推指令值 WOATAST 与 WOT 助推量系数表值 KQBWOAST 相乘得到的值设定为新的 WOT 助推指令值 WOATAST		

（四）协同创新分析

本田在墨西哥提交的专利申请均为单独提出的申请，申请人主要为作为母公司的本田汽车公司（HONDA MOTOR CO LTD）、本田技研工业股份公司（HONDA GIKEN KOGYO KABUSHIKI KAISHA），以及作为子公司的本田制锁（KK HONDA LOCK）、本田通行有限公司（HONDA ACCESS KK）。可见，本田的自主研发能力较强。

（五）小结

本节主要从专利申请趋势、技术构成情况以及协同创新等多方面对本田在墨西哥的专利申请情况进行了分析。本田在墨西哥专利布局时间较早，2002—2008 年为该公司在墨西哥专利申请的快速发展期。目前，本田在墨西哥的技术研发已趋于成熟，该公司在墨西哥的研发热点为发动机技术中的进气管道、供油系统领域，以及底盘中的车架技术领域，但是在 2017 年以后所有领域的专利申请无明显增长的趋势。本田在墨西哥的技术研发主要依靠自主开发，没有和其他申请人联合申请专利。

六、本迪克斯

本迪克斯是车辆制动器和其他相关安全系统的开发商、制造商和供应商。本迪克斯成立于 1869 年，其总部位于美国俄亥俄州。

本迪克斯在墨西哥的第一家工厂于 1988 年 5 月建成，其致力于控制业务部门的 OEM 组装和加工。该工厂位于与美国得克萨斯州接壤的科阿韦拉州阿库尼亚市，雇用了 2000 多名工人，占地面积 521000 平方英尺（1 平方英尺 ≈ 0.093 平方米）。随后，本迪克斯在第一家工厂的基础上进行了扩建。第二家工厂于 2000 年作为充电部门的一部分进行了再制造和 OEM 服务。2010 年，第三家工厂开张，生产执行器产品。

本迪克斯在 2015 年和 2016 年共投资了 150 万美元，在其高科技装配设施中增加了一条新的低流量螺线管生产线和一条新的歧管生产线，从而提高了产能，并提供定制订购和及时交货服务。2016 年 10 月，在接到 460 万美元的投资之后，本迪克斯开始在阿库尼亚市的一条先进的新装配线上生产驾驶员控制模块（DCM），这些模块以及复杂的预先制造、预先测试的子组件是为纳威斯达制造。

根据墨西哥媒体 2018 年 3 月的报道，本迪克斯扩大了其在墨西哥的业务，在蒙特雷市开设了新的工程研究与开发中心。

（一）专利情况

图 4-22 为本迪克斯在墨西哥的专利申请分布沙盘图。图中可以看出，本迪克斯的专利申请集中区域包括：制动片、制动卡钳/摩擦元件/制动器、弹簧制动、空气干燥器、气动助力器等。在螺线管、排气阀和按键元件等领域具有少量专利布局。从 3D 沙盘图角度看，本迪克斯的技术优势在于底盘技术。

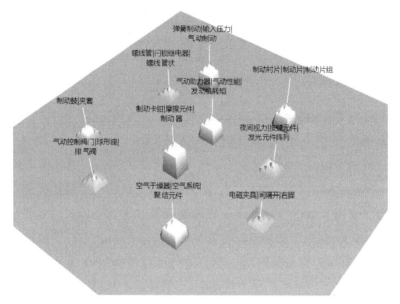

图 4-22　本迪克斯在墨西哥的专利申请分布沙盘图

　　本迪克斯在墨西哥提交有关汽车的专利申请 201 件，在专利申请人的申请量排名中居第五位。图 4-23 为本迪克斯有关汽车关键技术的专利申请趋势，从图中可以看出，本迪克斯在墨西哥的专利申请可大致分三个阶段。2008 年以前为第一阶段，本迪克斯在墨西哥申请了较多专利，其中在 2006 年达到了峰值 13 件。可以看出，本迪克斯较早开始重视在墨西哥的专利布局，除了在 2003 年呈下降趋势外，整体上升趋势明显。第二个阶段为 2009—2012 年，本迪克斯的专利申请量下降趋势明显，从 2008 年的 11 件下降至 2012 年的 1 件，原因可能在于本迪克斯在墨西哥的专利布局较早，已经完成阶段性布局，在未有新核心技术之前所做的改动较小，其申请的专利是前期技术的改进。第三阶段是 2013 年以后，本迪克斯的专利申请趋势呈锯齿形，申请量不稳定，年申请量在 1~8 件，均未超过 10 件，该公司可能处于新技术研发的探索阶段。2018—2020 年申请量下降的原因可能是墨西哥专利申请公开的滞后性，因此下降趋势并不真实。

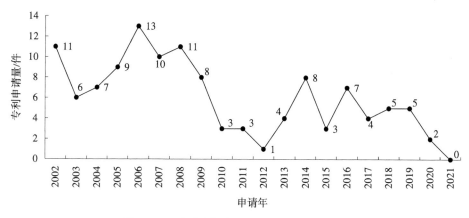

图 4-23 本迪克斯在墨西哥的专利申请趋势

从图 4-24 各关键技术分支专利申请趋势可以看出，本迪克斯各一级技术分支的申请趋势略有不同，其中底盘技术分支的申请量主要集中在较早期，如底盘技术分支的峰值为 2006 年的 12 件，与本迪克斯整体专利申请趋势相符。电子电器技术分支则具有两个发展波峰，第一个为 2006 年的 5 件，第二个为 2018 年的 3 件。发动机技术分支则在前期申请量较低，只在 2014 年申请了 4 件。车身、内外饰的申请量较少。可见，本迪克斯在墨西哥的研发布局主要集中在底盘、电子电器领域。

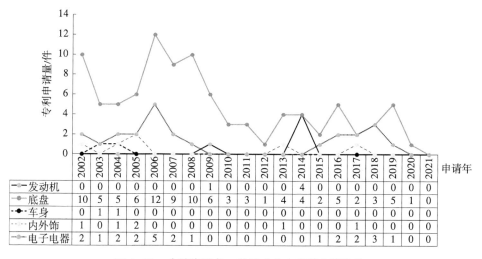

	2002	2003	2004	2005	2006	2007	2008	2009	2010	2011	2012	2013	2014	2015	2016	2017	2018	2019	2020	2021
发动机	0	0	0	0	0	0	0	1	0	0	0	0	4	0	0	0	0	0	0	0
底盘	10	5	5	6	12	9	10	6	3	3	1	4	4	2	5	2	3	5	1	0
车身	0	1	1	0	0	0	0	0	0	0	0	0	0	0	0	0	0	0	0	0
内外饰	1	0	1	2	0	0	0	0	0	0	0	1	0	0	0	1	0	0	0	0
电子电器	2	1	2	2	5	2	1	0	0	0	0	0	1	2	2	3	1	0	0	0

图 4-24 本迪克斯各一级技术分支专利申请趋势

本迪克斯 2002—2020 年各二级技术分支的专利申请趋势如图 4-25 所示。可以看出，制动系统分支的专利申请连续性较强，在 2002—2020 年都一直保持着专利申请，布局的数量也是最多的，但申请量并无明显增长；电器系统分支申请主要集中在 2002—2008 年，年申请量在 1~2 件；电子信息技术专利申请集中在 2005—2007 年和 2015—2017 年；其余的二级技术分支如车身内饰、车身外饰、车身开闭件、转向系统、行驶系统、发动机冷却和润滑分支，仅在其中几年申请过专利。可见，本迪克斯已经淡出上述技术分支的研发创新。

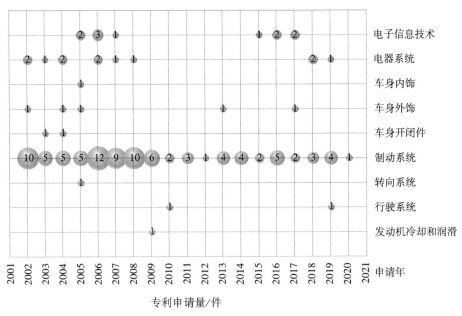

图 4-25　本迪克斯各二级技术分支专利申请趋势

（二）专利技术分布

如图 4-26 所示，从汽车六大关键技术来看，本迪克斯在墨西哥的专利布局重点集中在底盘技术，共提交专利申请 177 件，占汽车相关专利总申请量的 88%❶；其次是电子电器技术，共提交专利申请 24 件，占汽车相关专利总申请量的 12%；内外饰、发动机、车身技术提交的专利申请量相对较少，分

---

❶　本迪克斯的汽车相关专利总申请量为 201 件。在图 4-26 中，由于部分专利涉及两个或两个以上技术分支，所以各技术分支的申请量之和大于 201 件。

别为 6 件、5 件、2 件，分别占汽车相关专利总申请量的 3% 、2% 、1% 。

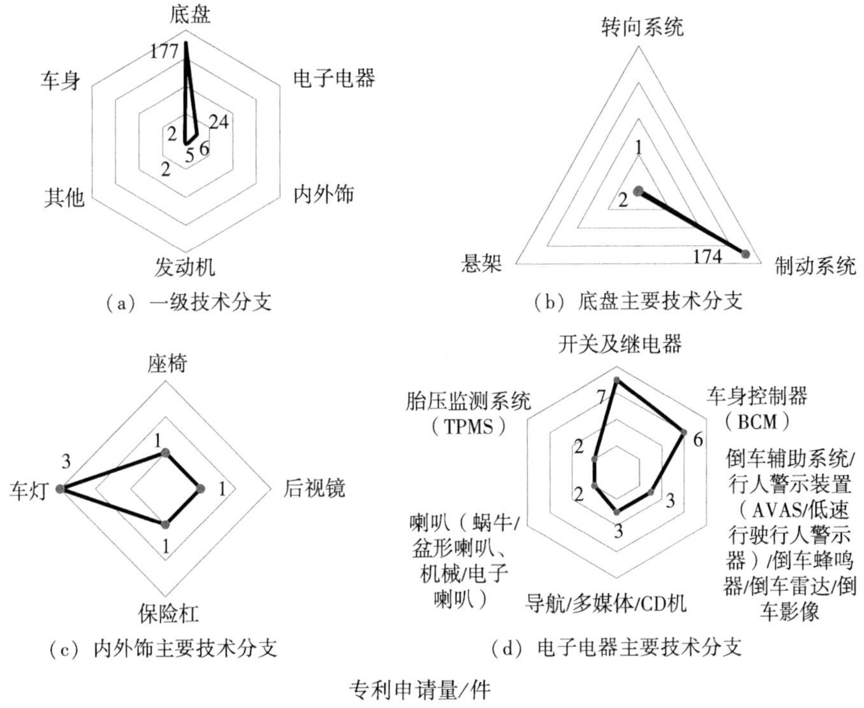

（a）一级技术分支

（b）底盘主要技术分支

（c）内外饰主要技术分支

（d）电子电器主要技术分支

专利申请量/件

图 4-26 本迪克斯在墨西哥的研发热点雷达图

在底盘技术分支方面，其主要布局在制动系统分支，申请量为 174 件，远多于其他分支，这与客户对汽车驾驶性能、安全性的需求有较大关系。悬架、转向系统技术分支的申请量较少，申请量分别为 2 件、1 件。

在内外饰技术分支方面，申请量占比较大的是涉及夜间行车安全的车灯，申请量为 3 件。座椅、后视镜、保险杠的申请量较少，均为 1 件。可见，本迪克斯在内外饰方面主要研发方向为车灯技术。

在电子电器技术分支方面，本迪克斯的专利主要布局在开关及继电器（7 件）、车身控制器（BCM）（6 件）、倒车辅助系统/行人警示装置（AVAS/低速行驶行人警示器）/倒车蜂鸣器/倒车雷达/倒车影像（3 件）、导航/多媒体/CD 机（3 件）、喇叭（蜗牛/盆形喇叭、机械/电子喇叭）（2 件）、胎压监测系统（TPMS）（2 件）。可见，本迪克斯在电子电器方面涉及少量专利申请。

（三）重点专利分析

根据本迪克斯在墨西哥专利申请的同族专利数量、被引频次、诉讼、许可、转让等因素，综合判断其重点专利，表4-9和表4-10为本迪克斯公司重点专利的概况与详情。

表4-9　本迪克斯在墨西哥申请的部分重点专利列表

公开号	同族专利被引频次	布局国家/地区	是否诉讼	是否许可	是否转让
MXPA04011598A	86	BR, US, AU, CN, MX, WO, CA, DE	否	否	否
MXPA04012613A	68	IN, BR, AU, DE, US, CA, CN, MX, WO	否	否	否
MXPA05007308A	41	CN, CA, BR, DE, US, AU, MX, WO	否	否	否
MX2007000674A	28	CN, RU, IN, US, WO, AU, BR, CA, DE, MX	否	否	否
MX2008012193A	20	BR, US, CA, CN, WO, AU, DE, MX	否	否	否
MXPA05001904A	18	MX, CN, AU, CA, DE, BR, US, WO	否	否	否
MX2015002096A	17	US, EP, AR, AU, CA, WO, CN, HK, IN, JP, KR, MX, RU, BR, DK, ES, HU, PL, PT, SI	否	否	否
MXPA06012224A	17	MX, CA, AU, CN, JP, US, BR, EP, IN, WO	否	否	否
MX2007007067A	16	BR, CA, AU, CN, EP, DE, MX, US, WO	否	否	否

表4-10　本迪克斯在墨西哥申请的部分重点专利详情

专利名称：基于防抱死制动系统的防倾翻系统		
公开号：MXPA04011598A	申请日期：2003.04.03	公开日期：2005.03.07
同族专利被引频次：86	同族专利分布国家数量：8	是否发生许可、转让：否
解决的技术问题或技术效果：该发明将防倾翻算法引入防抱死制动系统（ABS）中，能够向只装有常规型ABS的卡车和牵引车拖车组合增加防倾翻（ROP）能力		
技术手段：一种车辆所用的防倾翻系统，包括防抱死制动系统和多个与相应车轮相关联的车轮端调制管。防抱死制动系统包括电子控制单元和用于确定车辆的侧向加速度的侧向加速度估算器。车轮端调制管引起相应的制动压力施加于相应的车轮上，其随车辆的侧向加速度和车轮与驱动表面之间的摩擦接触水平而变		

专利名称：横向动稳性控制系统		
公开号：MXPA04012613A	申请日期：2004.12.14	公开日期：2005.07.01
同族专利被引频次：68	同族专利分布国家数量：9	是否发生许可、转让：否
解决的技术问题或技术效果：用在气动操作的车辆制动系统中的横向动稳性控制系统，该横向动稳性控制系统使用更简单的硬件而不是更复杂的电子制动系统硬件来实施		
技术手段：一种用于气动操作的车辆制动系统的横向动稳性控制系统，使用更简单的 ABS 硬件而不是更复杂的 EBS 硬件来实施。对于每个制动气室（14、18）或通道（12、16），使用两个 3/2 螺线管控制阀（62、64）。ECU（100）优选地可操作用于将选择的输送压力提供给制动气室而不用测量给制动气室（14、16）的输送压力。在已知压力下将供应空气（20）提供给与制动气室（14）相关联的第一螺线管控制阀（62）；计算从第一个阀（62）提供给定压力的输出而需要的该第一个阀的通电和断电的时间量；以及使第一个阀通电和断电所计算的时间，由此使得低压测试脉冲提供给制动气室		

专利名称：一种压缩气体的远程净化干燥单元		
公开号：MXPA05007308A	申请日期：2004.01.28	公开日期：2005.09.30
同族专利被引频次：41	同族专利分布国家数量：8	是否发生许可、转让：否
解决的技术问题或技术效果：提出了一种能以多种固定方位固定空气干燥器组件到车辆的方法和装置		
技术手段：一种空气干燥器组件（10）和将空气干燥器固定到车辆上的固定支架（30）。空气干燥器组件（10）设有集合管（40）和筒体（20），筒体可密封到固定支架（830）的表面。定位销（69）沿空气干燥器集合管（40）的密封表面设置，可容纳于固定支架（30）的开口区（64）的对应锯齿区（66）。通过在集合管（40）表面设置多个定位销（69），实现了空气干燥器组件（10）的多个固定方位		

专利名称：凸轮致动的鼓形制动器		
公开号：MX2007000674A	申请日期：2005.06.02	公开日期：2007.05.08
同族专利被引频次：28	同族专利分布国家数量：10	是否发生许可、转让：无
解决的技术问题或技术效果：提供一种改进的凸轮，该凸轮可实现制动靴的更大行程和更厚的制动衬面，同时继续提供足够的致动力。其结果是该发明的凸轮及制动器可减小与常规制动器相关的维护成本和车辆故障时间		
技术手段：一种用于制动器（20）的凸轮（38），其允许更大的制动靴行程和更厚的制动衬面（50），同时提供与常规凸轮相比相同或更大的机械力。该凸轮的一个或多个凸角（62，64）包括多个部分（62A-C，64A-C），这些部分具备不同的轴向截面外形。凸轮外形的改变使得凸轮中凸角的最外端或尖端要长于常规的凸轮，并保持相同的机械强度		

专利名称：常用运行制动器装置、方法和系统		
公开号：MX2008012193A	申请日期：2007.03.13	公开日期：2008.10.02
同族专利被引频次：20	同族专利分布国家数量：8	是否发生许可、转让：无
解决的技术问题或技术效果：装置改进了用于气动故障或者电气故障的所述运行制动系统。因此，所述系统的工作程序和该发明的方法可同时包括电动和气动组件。所述装置可提供用于车辆的常用运行制动功能或者同时提供常用运行制动功能和驻车制动功能。所述装置可提供一个安装于外壳内的改进的常用运行制动器装置，用于相对于先前已知系统减小达到这种功能所需组件和管路的数量		
技术手段：一种阀装置，包括外壳；在所述外壳内的第一阀，所述第一阀用于传递第一控制信号；在所述外壳内的第二阀，所述第二阀用于在从所述第一阀接收到第一控制信号后传递气动信号，所述第二阀与车辆常用制动器组件连通；所述车辆常用制动器组件适于作为所述第二阀传递所述气动信号的结果而作用；其中，当所述第一控制信号中止时，所述第二阀继续传递所述气动信号		

专利名称：薄膜空气干燥器及其固定到车辆的方法		
公开号：MXPA05001904A	申请日期：2003.10.16	公开日期：2005.08.29
同族专利被引频次：18	同族专利分布国家数量：8	是否发生许可、转让：无
解决的技术问题或技术效果：一种薄膜空气干燥器的新设计，其有效地固定到车辆的适当位置，可提供相对方便的接近性，以便进行维修、检验、修理或更换		
技术手段：提出了一种固定空气干燥器（10）到商用车的方法和装置。薄膜空气干燥器（10）的端盖（30，40）保持薄膜空气干燥器芯（20）和将薄膜空气干燥器（10）连接到空气补给容器（50）的表面。将凸部焊接到空气补给容器（50）的外表面，然后螺栓连接端盖（30，40）到凸部，将薄膜空气干燥器（10）固定。这种方法和装置可应用于两个或三个空气补给容器系统（50，60，170）。分开罐（150）属于空气干燥器系统（10），可代替组合过滤器，以减少到达薄膜空气干燥器芯（20）的水汽		

专利名称：盘式制动片底座以及保持系统和方法		
公开号：MX2015002096A	申请日期：2013.08.13	公开日期：2015.05.11
同族专利被引频次：17	同族专利分布国家数量：20	是否发生许可、转让：无
解决的技术问题或技术效果：提供一种制动片底座的保持、安装和移除方法，该方法更容易安装和移除在原位的制动片而不需要制动器卡钳移除或者其他显著的制动器拆卸工作。该解决方案适合用于高空间限制的商用车辆空气盘式制动器，其中制动片在不需要显著的制动器拆卸工作卡钳的情况下工作，这在先前被认为不具有商业可行性		

续表

技术手段：提供一种用于在盘式制动器中安装、移除和保持制动片的系统和方法，盘式制动器是诸如用于商用车辆的气动盘式制动器，其方式是在提供制动片的明确保持的同时，不需要使用单独的制动片保持装置。优选实施例包括制动器卡钳底座，该制动器卡钳底座具有制动片抵接表面，该制动片抵接表面具有径向定位的和横向的凹槽，该凹槽允许在其横向侧具有对应突起的制动片，通过制动器卡钳的开口插入径向定位的凹槽中直到背板突起与横向凹槽对齐，并且使在制动片后方的制动器前进以将制动片放置在操作位置，在该操作位置，制动器防止制动片与径向定位的凹槽重新对齐直到制动器缩回以允许制动片抽出

专利名称：用于单个 3/2 螺线管控制继动阀的控制模块		
公开号：MXPA06012224A	申请日期：2005.05.17	公开日期：2007.01.31
同族专利被引频次：17	同族专利分布国家数量：10	是否发生许可、转让：无

解决的技术问题或技术效果：克服了复杂和昂贵的比例螺线管需要 ECU 来提供用作控制电流的电流控制输出级的问题

技术手段：在一个实施例中，用于将增压空气传送至制动腔室以便获得所需制动响应的车辆制动系统（12），包括空气压力控制继动阀（10），其用于将增压空气传送至制动腔室。螺线管（26）接收可变的控制输入压力，并作为螺线管状态的函数而将控制输入压力传送至继动阀。ECU（40）根据控制模型来控制该螺线管，用于将增压空气传送至制动腔室（38），并获得所需的制动响应

专利名称：具有整体式球形软密封件的螺线管电枢		
公开号：MX2007007067A	申请日期：2005.12.20	公开日期：2007.08.08
同族专利被引频次：16	同族专利分布国家数量：9	是否发生许可、转让：无

解决的技术问题或技术效果：提供一种具有整体式球形软密封件，并且提供了改进的密封性能、简化的加工条件以及更低制造成本的新改进的螺线管阀。该阀的特征在于设有偏压弹簧和球密封件的整体式电枢组件。该设计消除了用于对准电枢的附加导向件或特别模制的阀座嵌入物的需求。另外，该发明在球形密封件和阀座轴向不对准时有利地形成和维持了密封

技术手段：公开了一种用于重型车辆气压制动和停车系统中的改进阀（100）。该阀包括螺线管线圈组（110）、阀座（122）、电枢（130）和弹簧（150）。该螺线管线圈组包括磁极块（112）并且在通电时产生磁场。该阀座（122）具有阀座表面并形成流动通道（126）。电枢（130）具有第一端（132）和第二端（134），并且包括大小设置成与阀座（122）相接合以阻塞空气流经流动通道（126）的球形弹性密封件（140）。弹簧（150）接合在电枢（130）外表面周围并且向着阀座（122）偏压电枢（130）。线圈组（110）在通电时移动电枢（130）离开阀座（122）并且朝向磁极块（112）至开启位置，以允许空气流经流动通道（126）

（四）协同创新分析

本迪克斯在墨西哥提交的专利申请中，绝大多数为单独申请，申请人主要为本迪克斯商用车系统公司（BENDIX COMMERCIAL VEHICLE SYS）和本迪克斯集团（THE BENDIX CORPORATION）。可见，本迪克斯的自主研发能力较强。其中本迪克斯商用车系统公司主要研发商用车的底盘，包括制动系统等。

联合申请的专利数量为 1 件（专利公开号为 MX157618A），申请日为 1984 年 3 月 9 日，联合申请人为 SOCIETE ANONYME D B A（匿名）；专利名称为"装有轴向固定装置的鼓式制动器和鼓式制动器轴向固定装置的改进"，为制动器的部件，涉及底盘的制动系统。

（五）小结

本节主要从专利申请趋势、技术构成情况以及协同创新等多方面对本迪克斯在墨西哥的专利申请情况进行了分析。本迪克斯在墨西哥专利布局时间较早，2002—2008 年为该公司在墨西哥专利申请的快速发展期。目前，本迪克斯在墨西哥的技术研发已趋于成熟，研发热点主要为底盘技术中的制动系统，对于电子电器技术中的开关及继电器、车身控制器（BCM）也有少量专利布局，但是在 2017 年以后所有领域的专利申请的增长的趋势不明显。本迪克斯在墨西哥的技术研发主要依靠自主开发，协同创新研发较少。

七、伊顿

伊顿曾经是汽车零部件的供应商，如今已经多元化发展，以涵盖更广泛的工业和商业途径。如今，伊顿的业务包括不同的领域：电气、液压、航空、卡车和乘用车。具体包括自动和机械卡车的变速器和离合器、混合动力总成、变速器支撑、悬架、轮端和安全系统、防抱死制动系统和牵引力控制系统以及车辆诊断系统、变速器和燃料管理控件、自动流体连接器、发动机空气管理系统（包括增压器、气缸盖模块、气门和发动机滤清器）等。2018 年，伊顿销售额达 216 亿美元，全球拥有约 10 万名员工，产品覆盖超过 175 个国家和地区。

　　伊顿于 2002 年在墨西哥的圣路易斯波托西州开设工厂，该工厂雇用 750 多名工人，为商用车生产变速箱、离合器、机械齿轮和轴。该工厂因出色的质量和组织能力（包括创新、竞争力和可持续性）而荣获 2014 年墨西哥国家质量奖。

（一）专利情况

　　图 4-27 为伊顿在墨西哥的专利分布沙盘图。从图 4-27 中可以看出，伊顿的专利申请集中区域包括自动化机械/自动机械/自动机械变速器、燃料罐/通气阀/填料管等；而在陆地车辆、滚筒式/锚固和油控制阀/液压通道/压力感测等领域专利布局较少。从 3D 沙盘图角度看，伊顿的技术优势在于变速器、发动机。

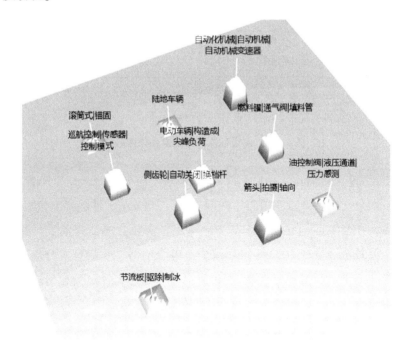

图 4-27　伊顿在墨西哥的专利分布沙盘图

　　伊顿在墨西哥提交有关汽车的专利申请 190 件，在专利申请人的申请量排名中居第六位。图 4-28 为伊顿有关汽车关键技术的专利申请趋势。从图中可以看出，伊顿在墨西哥的专利申请可大致分三个阶段。2002—2012 年为第一阶段，伊顿在墨西哥申请了较多专利，其中在 2012 年达到了峰值 11 件。可以看出，伊顿较早开始重视在墨西哥的专利布局。第二个阶段为 2013—2018 年，伊顿专利的申请量较少，年申请量维持在 1 件，原因可能在于伊顿在墨西哥的布局较早，前期的技术研发布局已经成熟。第三阶段是 2019 年以后，伊顿公司在 2019 年申请量有所上涨，达到 7 件。2020—2021 年伊顿公司的专利申请量为零，原因可能是墨西哥专利申请公开的滞后性，导致有部分专利申请尚未公开。因此，下跌趋势并不真实。

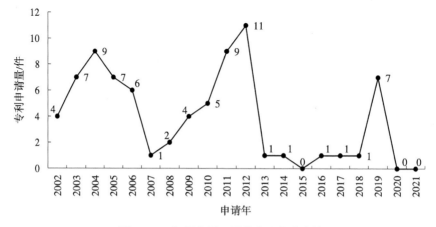

图 4-28　伊顿在墨西哥的专利申请趋势

从图 4-29 可以看出，伊顿各一级技术分支的申请趋势略有不同。其中，发动机技术分支的申请量主要集中在前中期，其峰值分别为 2004 年以及 2012 年的 7 件，在当年远超其他技术分支。可见，伊顿在墨西哥的发动机技术发展较早，但是申请量在 2013 年以后减少。电子电器、底盘技术分支的申请量较为平稳，电子电器技术分支在 2019 年申请峰值为 5 件。变速器技术分支专利的申请较少。可见，伊顿在墨西哥的研发布局前期集中在发动机技术分支，后期研发布局趋向于电子电器技术分支。

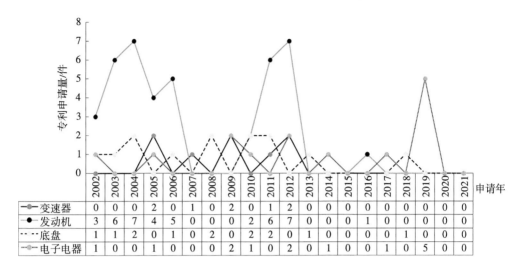

申请年	2002	2003	2004	2005	2006	2007	2008	2009	2010	2011	2012	2013	2014	2015	2016	2017	2018	2019	2020	2021
变速器	0	0	0	2	0	1	0	2	0	1	2	0	0	0	0	0	0	0	0	0
发动机	3	6	7	4	5	0	0	0	2	6	7	0	0	0	1	0	0	0	0	0
底盘	1	1	2	0	1	0	2	0	2	2	0	1	0	0	0	0	1	0	0	0
电子电器	1	0	0	1	0	0	0	2	1	0	2	0	1	0	0	1	0	5	0	0

图 4-29　伊顿各一级技术分支专利申请趋势

伊顿在 2001—2021 年各二级技术分支的专利申请趋势如图 4-30 所示。可以看出，各二级技术分支的增长趋势不明显，其中电子信息技术、制动系统、发动机控制、发动机冷却和润滑、燃油供给及燃烧在 2002—2012 年陆续申请专利，峰值多集中在 2004 年或 2012 年，不过分布较为散乱，申请量并无明显增长。制动系统、燃油供给及燃烧、自动换挡变速器的专利申请偏于前期，从 2012 年后便再无申请。发动机冷却和润滑则在前中期都有专利申请；相对于其他分支，电器系统的专利申请连续性较强，虽然未能保持每年都有，但是一直保持申请到了 2019 年。行驶系统、转向系统、传动系统、后处理、发动机进气供给的申请量较少，仅在其中两三年中申请过专利，总量均不超过 4 件，可见，伊顿已经淡出上述技术分支的研发创新。

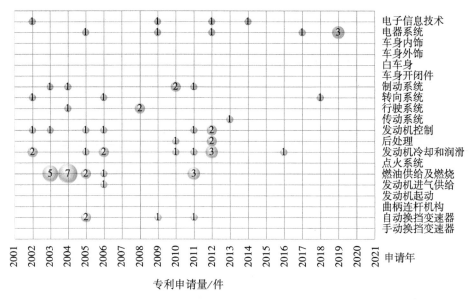

图 4-30 伊顿在墨西哥的各二级技术分支专利申请趋势

（二）专利技术分布

如图 4-31 所示，从汽车六大关键技术来看，伊顿在墨西哥的专利布局重点集中在变速器技术，共提交专利申请 77 件，占汽车相关专利总申请量的 41%[1]；其次是底盘技术、发动机技术和电子电器技术，分别为 52 件、49 件和 26 件，占比分别为 27%、26% 和 14%，内外饰技术提交的专利申请量相对较少，为 1 件。

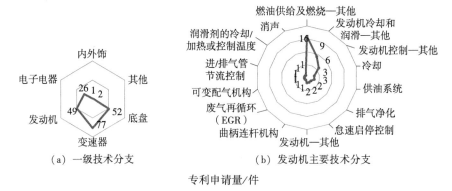

（a）一级技术分支 　　　　（b）发动机主要技术分支

专利申请量/件

图 4-31 伊顿在墨西哥的研发热点

---

[1] 伊顿的汽车相关专利总申请量为 190 件。在图 4-31 中，由于部分专利涉及两个或两个以上技术分支，所以各技术分支的申请量之和大于 190 件。

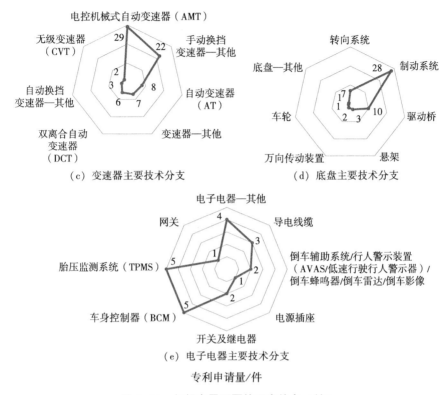

（c）变速器主要技术分支

（d）底盘主要技术分支

（e）电子电器主要技术分支

专利申请量/件

图 4-31 伊顿在墨西哥的研发热点（续）

在发动机的二级和三级技术分支方面，伊顿的主要专利布局在燃油供给及燃烧—其他（16 件）、发动机冷却和润滑—其他（9 件）、发动机控制—其他（6 件），其他三级技术分支的专利申请量均少于 3 件。此外，与其他申请人不同的是，伊顿在曲柄连杆机构和可变配气机构方面的专利较少。可见，伊顿在发动机领域的研发重点在于燃油供给及燃烧技术。

在变速器技术分支方面，伊顿的主要专利布局领域为电控机械式自动变速器（AMT）和手动换挡变速器，其中电控机械式自动变速器（AMT）的申请量最多，共申请了 29 件；其次是手动换挡变速器—其他，申请量为 22 件；其余的依次为自动变速器（AT）、变速器—其他和双离合自动变速器（DCT），申请量分别为 8 件、7 件、6 件，最少的是无级变速器（CVT），这表明电控机械式自动变速器是伊顿变速器研发的重点，也与汽车变速器的发展趋势相吻合。

153

在底盘技术分支方面，其主要专利布局在制动系统，申请量为28件，远多于其他底盘技术分支，这与客户对汽车驾驶性能、舒适性和安全性的需求有较大关系。其次是驱动桥技术、转向系统技术，申请量分别为10件、7件，驱动桥直接决定着汽车整体的操控性和舒适性表现，良好的转向系统能直接提升乘用车的造作性和舒适性。万向传动装置、车轮技术的申请量较少，申请量分别为2件、1件。

在电子电器技术分支方面，胎压监测系统（TPMS）是电子电器中提升安全性最为明显的部件。车身控制器（BCM）模块是安全舒适的驾驶保证，模块通过监视和控制关键电子设备确保平稳运行；两者申请量占比较大，申请量均为5件。网关、电源插座申请量较少，均为1件。可见，伊顿在电子电器方面主要研发热点在胎压监测系统（TPMS）和车身控制器（BCM）为主的汽车安全性能上。

（三）重点专利分析

根据伊顿在墨西哥专利申请的同族专利数量、被引频次、诉讼、许可、转让等因素，综合判断其重点专利，表4-11和表4-12为伊顿重要专利的概况与详情。

表4-11　伊顿在墨西哥申请的部分重点专利列表

公开号	同族专利被引频次	布局国家/地区	是否诉讼	是否许可	是否转让
MXPA06007444A	33	BR, AU, CN, IN, MX, US, EP, ES, JP, TW, AT, KR	否	否	否
MX2010002701A	15	AT, MX, CA, JP, US, EP, IN, RU, TW, WO, CN	否	否	否
MXPA03002969A	7	CN, MX, AU, CA, WO	否	否	否
MX2011000732A	6	US, CN, AU, CA, WO, EP, IN, JP, MX, RU, TW, BR, ES	否	否	否
MX2010004782A	6	KR, EP, CA, IN, PE, TW, AR, CN, JP, US, WO, MX	否	否	否

表 4-12 伊顿在墨西哥申请的部分重点专利详情

专利名称：不依赖于速度差的改进的连接装置		
公开号：MXPA06007444A	申请日期：2006.06.27	公开日期：2007.01.10
同族专利被引频次：33	同族专利分布国家数量：12	是否发生许可、转让：否
解决的技术问题或技术效果：该发明目的是提供一种改进的连接装置，其中离合器作用腔内流体压力的产生不依赖于连接装置的输入端与其输出端之间的速度差。同时，即使在车辆静止时仍存在至少使该连接装置的离合器组件接合的潜力		
技术手段：涉及一种连接装置（11；111），该连接装置包括限定一离合器腔的可转动的壳体（13，15；113），离合器组件（29；129）设置在该离合器腔内。该壳体限定一作用腔（37；137），离合器作用件（39）设置在该作用腔中以偏压离合器组件进入接合。用于离合器作用件的加压流体的源可操作，以响应转子（61；161）的转动泵送加压流体的泵元件（59，61；159，161）。设有限定泵腔的固定不动的增压组件（51；153），泵元件可操作地设置在该泵腔内，一驱动装置（63；163）可操作地以将所述可转动的壳体（13，15；113）的转动运动传递到所述泵元件的转子（61；161），从而离合器接合不依赖于连接装置的输入端与输出端的速度差		

专利名称：连接组件		
公开号：MX2010002701A	申请日期：2008.09.09	公开日期：2010.05.10
同族专利被引频次：15	同族专利分布国家数量：11	是否发生许可、转让：否
解决的技术问题或技术效果：提供一种新型和改进的连接组件，该连接组件具有改进的冷却流体流以促进从连接组件的构件的热传递		
技术手段：一种用于传递力的连接组件，包括至少部分地封包可旋转盘（18）的壳体。该壳体具有板部（40），该板部带有与可旋转盘接合的环形力传递面。冷却流体沟槽至少部分地由板部与力传递面相反的一侧限定。多个凸出体延伸到经过冷却流体沟槽的冷却流体流路中。冷却流体入口包括通道，该通道具有与冷却流体沟槽的径向外部流体连通地连接的大截面部分。入口通道的小截面部分与冷却流体沟槽的径向内部流体连通地连接。肋片在冷却流体沟槽的径向内部和径向外部上延伸		

专利名称：连接适配器和连接器组件		
公开号：MXPA03002969A	申请日期：2001.10.02	公开日期：2003.07.14
同族专利被引频次：7	同族专利分布国家数量：5	是否发生许可、转让：否
解决的技术问题或技术效果：提供了一种用于连接器组件的适配器，该适配器可以"压配合"或以其他普通方式保持在阴部件的无螺纹的孔内		

技术手段：一种用于阴部件（30）的无螺纹孔（28）的连接器接口适配器（10），包括有中心纵向通道和内外表面（16、18）的金属本体（12）。该本体（12）还包括：一个有一外端（22）的外侧部分（20）；一个有一内端（26）的内侧部分（24），该内侧部分（24）设置成用于装入阴部件的孔（28）内。本体的内侧部分（24）的外表面（18）包括一个带至少一个纵向间隔开的基本环形的配合凸起（42）的配合部分（41）和一个靠近本体（12）的内端（26）定位的用于容纳一个O形环（40）的槽（38）。该发明还涉及一包括连接适配器（10）的连接器组件（31）以及形成该连接器组件（31）的方法

专利名称：离合器—制动器组件		
公开号：MX2011000732A	申请日期：2009.07.17	公开日期：2011.03.15
同族专利被引频次：6	同族专利分布国家数量：13	是否发生许可、转让：无
解决的技术问题或技术效果：易于调节可以适应不同机器的力和转矩的要求		
技术手段：涉及一种离合器—制动器组件，该离合器—制动器组件传递力以使轴转动和保持该轴不转动。该组件包括多个在活塞与基部部件之间传递力的力传递部件（190）。多个弹簧（134）向活塞施压，以使活塞相对于基部部件运动。在基部部件与活塞之间布置多个弹簧限位器（180）。每个弹簧限位器包括多个从基部部分延伸出的凸出部分。制动器表面和离合器表面包括摩擦材料，该摩擦材料具有由多个径向延伸的沟槽分隔开的多个区段		

专利名称：用于耦合部件的膨胀管以及耦合部件		
公开号：MX2010004782A	申请日期：2008.10.31	公开日期：2010.05.14
同族专利被引频次：6	同族专利分布国家数量：12	是否发生许可、转让：无
解决的技术问题或技术效果：涉及柔性的膨胀管，所述膨胀管可在压力下膨胀以操作或接合用于诸如工业离合器或制动器之类的机构中的耦合部件。该专利还涉及包括膨胀管的耦合部件		
技术手段：一种用于流体操作式制动器或离合器的耦合部件膨胀管（12），包括具有预定长度的长形的、大体呈管状的结构（24），所述管状结构（24）具有两个端部（26a，26b）和位于所述两个端部（26a，26b）之间的接缝（28），所述接缝（28）闭合所述管（12）以形成大体呈环形的空腔（30）。同时公开了一种用于流体操作式制动器或离合器的耦合部件（10），所述耦合部件（10）包括膨胀管（12），以及一种耦合部件		

（四）协同创新分析

伊顿在墨西哥提交的专利申请均为单独提出的申请，申请人主要为作为母公司的伊顿，以及作为子公司的伊顿航空设备公司（EATON AEROQUIP INC）、伊顿沃拉德科技公司（EATON VORAD TECHNOLOGIES LLC）等。其

中，伊顿沃拉德科技公司（EATON VORAD TECHNOLOGIES LLC）主要研发电子电器系统中的倒车辅助系统/行人警示装置（AVAS/低速行驶行人警示器）/倒车蜂鸣器/倒车雷达/倒车影像技术。可见，伊顿的自主研发能力较强。

（五）小结

本节主要从专利申请趋势、技术构成情况以及协同创新等多方面对伊顿在墨西哥的专利申请情况进行了分析。伊顿在墨西哥布局专利的时间较早，变速器专利的大量申请在 2002 年以前，目前伊顿在墨西哥的变速器技术研发已趋于成熟，申请量较少。2002—2012 年为该公司在墨西哥的研发热点转变时期，转变为发动机中的燃油供给及燃烧技术领域。而 2019 年电子电器领域的专利申请呈上升趋势。伊顿在墨西哥的技术研发主要依靠自主开发，没有和其他申请人联合申请专利。

八、德纳

德纳是世界上最大的汽车零部件企业之一，成立于 1904 年，总部位于美国俄亥俄州莫米市。2018 年，德纳销售额超过 81 亿美元，在致力于提高动力车辆和机械的效率、性能和可持续性的高度工程化解决方案方面，处于世界领先地位。德纳产品可支持乘用车、商用车、非公路车辆市场，以及工业和固定设备应用。

德纳是动力传动系统、密封和热管理技术的全球领先供应商，其技术能够提高常规和替代能源动力系统乘用车、商用车和非公路用车的效率和性能。该公司遍布全球的工程设计、制造和分销机构为原始设备和售后市场客户提供本地产品及服务支持。

2010 年，墨西哥汽车零部件供应商蒙塔萨（Metalsa S. A. de C. V.）已收购德纳的汽车结构产品业务中的大部分工厂，以及德纳该业务的 9 家制造轻型车和商用车车身结构和底盘用结构件的工厂，包括在美国、巴西、澳大利亚、阿根廷的相关行政、技术、销售中心。这 9 个工厂中包括德纳在英国与吉凯恩（GKN Auto Structures）合资的企业底盘系统（Chassis Systems Limited）中的股权。2012 年，德纳在墨西哥成立新的分销中心，位于墨西哥托卢卡市，提供公路售后市场产品，以增加产品供应、加快交货速度，并为日益增多的售后市场客户提供更多支持。

(一) 专利情况

图4-32为德纳在墨西哥的专利分布沙盘图。从图中可以看出，德纳的专利申请集中区域包括变速杆、驱动桥、转向节、制动器组和润滑脂加油嘴等。从3D沙盘图角度看，德纳的技术主体分布虽然分布比较均衡，但是这些技术主体主要涉及底盘等技术领域，这与德纳的主营业务——传动系统相符合。

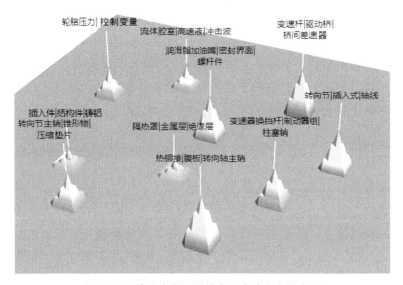

图4-32　德纳在墨西哥的专利申请分布沙盘图

德纳在墨西哥提交有关汽车的专利申请187件，在专利申请人的申请量排名中居第七位。德纳在墨西哥申请专利较早，可追溯到1974年。图4-33为德纳有关汽车关键技术的专利申请趋势。从图中可以看出，德纳在墨西哥的专利申请可大致分为4个阶段。2002—2006年为第一阶段，是专利申请的高峰期，这一时期专利申请数量较多，峰值为2004年和2006年的19件。2007—2012年为第二阶段，德纳逐渐减少专利申请数量，甚至在2012年没有申请专利，这与当时爆发的全球经济危机相关。第三阶段为2013—2016年，由于墨西哥从经济危机中逐渐恢复，德纳的专利申请也逐渐增加，但是与2004年的水平仍然差距较远，峰值仅为2016年的5件。可见，德纳在墨西哥的技术研发已经趋于成熟。第四阶段为 2017—2021 年，没有专利申请的原因在于可能有部分专利申请尚未公开，因此下跌趋势并不真实。

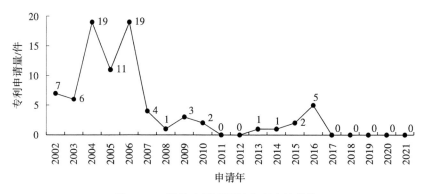

图 4-33 德纳在墨西哥的专利申请趋势

从图 4-34 可以看出，德纳各一级技术分支的申请趋势略有不同，其中发动机技术分支和底盘技术分支的专利申请趋势较为相似，发动机技术分支在 2004 年出现了 11 件的申请量峰值，底盘技术分支在 2006 年出现了 12 件申请量峰值。这两个技术分支的集中申请使 2004—2006 年出现了申请热潮，随后两个技术分支的专利申请均出现了非常明显的下滑趋势。其中发动机技术分支的专利申请在 2009 年出现了一个小反弹（3 件专利申请），此后便一直处于低潮期。电子电器技术分支作为新兴的技术分支，在早期并未得到较好的研究开发，其在 2015—2016 年出现了上涨的申请趋势，峰值为 2016 年的 4 件，这也是德纳 2015—2016 年在墨西哥专利申请量增长的最大推动力。此外，变速器技术分支的主要申请年代是 20 世纪 80 年代，其他技术分支申请量较少。可见，德纳在墨西哥前期的专利申请主要集中在发动机、底盘等传统领域；在后期，德纳加强了对电子电器技术分支的研究开发。

德纳各二级技术分支的专利申请趋势如图 4-35 所示。由于德纳为汽车零部件供应商，供应的产品并未涉及全部二级技术分支，涉及的主要技术分支为曲柄连杆机构、行驶系统、转向系统、后处理和电子电器系统，其他技术分支专利申请较少，有较多的技术分支没有专利布局，如车身内饰、车身外饰等。

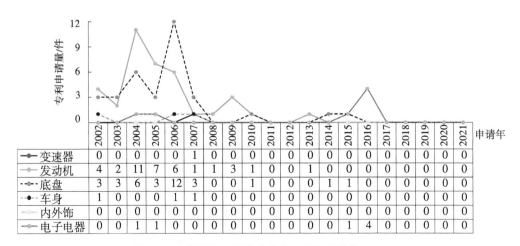

申请年	2002	2003	2004	2005	2006	2007	2008	2009	2010	2011	2012	2013	2014	2015	2016	2017	2018	2019	2020	2021
变速器	0	0	0	0	0	1	0	0	0	0	0	0	0	0	0	0	0	0	0	0
发动机	4	2	11	7	6	1	1	3	1	0	0	1	0	0	0	0	0	0	0	0
底盘	3	3	6	3	12	3	0	0	1	0	0	0	1	1	0	0	0	0	0	0
车身	1	0	0	0	1	1	0	0	0	0	0	0	0	0	0	0	0	0	0	0
内外饰	0	0	0	0	0	0	0	0	0	0	0	0	0	0	0	0	0	0	0	0
电子电器	0	0	1	1	0	0	0	0	0	0	0	0	0	1	4	0	0	0	0	0

图 4-34　德纳各一级技术分支专利申请趋势

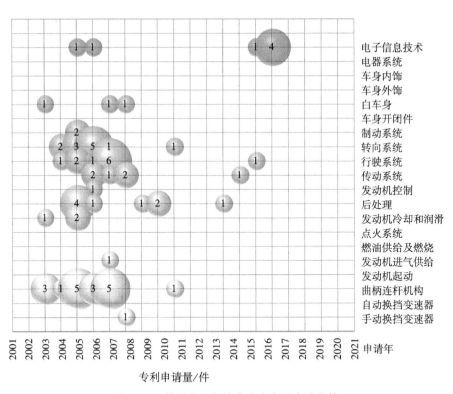

图 4-35　德纳各二级技术分支专利申请趋势

可以看出，在 2002—2007 年这一申请高峰期，曲柄连杆机构、行驶系统、转向系统和后处理技术分支的申请量最多。曲柄连杆机构技术分支在

2005 年和 2007 年均申请了 5 件专利，行驶系统技术分支在 2007 年申请了 6 件专利，转向系统在 2006 年申请了 5 件专利。此外，在发动机的二级技术分支，如发动机冷却和润滑、发动机控制技术分支也分布有一些专利。可见，德纳在早期的专利布局主要集中在底盘和发动机等较为传统的机械结构技术领域，除了后处理技术仍有后续的专利申请，上述技术领域的专利申请在 2007 年以后就很少了，有较多的年份申请量为零，德纳在上述技术分支的技术研发已经趋于成熟，退出了上述领域的研发。

在后期的专利申请中，后处理技术分支仍然有专利申请，分别是 2008 年的 1 件、2009 年的 2 件和 2013 年的 1 件。可见，随着相关排放法规的日趋严格，德纳后处理技术的研发仍在延续推进。

作为汽车技术领域的新兴技术，电子信息技术在 2016 年有 4 件专利申请，具体涉及胎压监测系统（TPMS）。可见，德纳加强了在该技术领域的技术研发，寻求技术研发转移升级。

（二）技术分布

如图 4-36 所示，从汽车六大关键技术来看，和其他零部件供应商单一的专利布局不同，德纳在墨西哥的专利申请分布较为均衡，一级技术分支排名依次为：底盘、发动机、变速器、电子电器和车身。德纳在墨西哥提交的有关汽车的专利申请共 187 件。其中，底盘技术分支申请专利 76 件，占比为 41%；发动机技术分支申请专利 66 件，占比为 35%；变速器技术分支申请专利 33 件，占比为 18%。排名前三位的技术分支申请量占比达到了 94%。

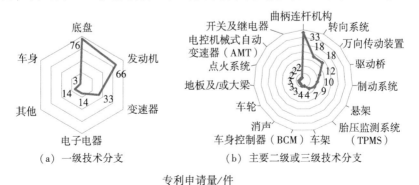

（a）一级技术分支　　　　（b）主要二级或三级技术分支

专利申请量/件

图 4-36　德纳在墨西哥的研发热点

在汽车的二级和三级技术分支方面，德纳的专利布局主要在曲柄连杆机构（33件）、转向系统（18件）、万向传动机构（18件）、驱动桥（12件）、制动系统（10件）、悬架（9件）和胎压监测系统（TPMS）（7件），其他三级分支的专利申请量均少于5件。可见，德纳的技术研发优势仍然是其主营产品，涉及底盘和发动机技术领域的机械结构，如发动机活塞、缸体缸盖、传动部件、制动系统等，在胎压监测系统（TPMS）技术分支也布局了一些专利。可见，相比于其他汽车零部件供应商较为单一的专利布局，德纳的专利布局技术分支更多，寻求产品多元化的发展。

（三）重点专利分析

根据德纳在墨西哥专利申请的同族专利数量、被引频次、诉讼、许可、转让等因素，综合判断其重点专利，表4-13和表4-14为德纳重要专利的概况与详情。

表4-13　德纳在墨西哥申请的部分重点专利列表

公开号	同族专利被引频次	布局国家/地区	是否诉讼	是否许可	是否转让
MXPA02005740A	50	BR, AU, WO, EP, CN, MX, US, CA	无	无	无
MXPA04010406A	49	EP, WO, AU, US, AT, CA, CN, DE, MX, BR	无	无	无
MXPA02006139A	36	BR, DE, AT, AU, WO, EP, CN, MX, CA, US	无	无	无
MXPA04005905A	23	CA, KR, AR, BR, JP, MX, CN, EP, US	无	无	无
MXPA03001133A	22	AU, IN, DE, BR, CN, EP, ES, US, AT, CA, HU, JP, WO, MX	无	无	无
MX2007010474A	16	JP, KR, WO, CN, MX, US, CA	无	无	无
MX2013008495A	13	WO, MX, BR, CN, EP, CA, IN	无	无	无
MXPA05009530A	13	US, JP, AU, EP, MX, CN, WO	无	无	无
MXPA04000445A	12	BR, CN, AU, CA, US, WO, IN, MX	无	无	无
MX2009007281A	12	EP, CA, CN, JP, MX	无	无	无

表 4-14　德纳在墨西哥申请的部分重点专利详情

专利名称：用于球节的防尘套		
公开号：MXPA02005740A	申请日期：2000.11.29	公开日期：2003.05.23
同族专利被引频次：50	同族专利分布国家数量：8	是否发生许可、转让：否
解决的技术问题或技术效果：密封元件（50）置于防尘套、柄部与输入/输出部件（18）之间，以加强防尘套界面，并由此保护防尘套与柄部的界面，在输入/输出部件相对于球节的运动及铰接运动期间抵御污染物		
技术手段：包括可枢转地安装在承窝体上的球销，球销具有从该球销延伸的限定柄轴线的柄部；加装在球销柄部上的输入/输出部件，其中承窝体可绕柄轴线相对于输入/输出部件自由地转动，并可绕垂直于柄轴线的横轴线转动通过限定的范围；围绕着所述柄部的弹性材料的防尘套，所述防尘套具有邻近于所述输入/输出部件的第一端部和邻近于所述壳体的第二端部；压在所述柄部上并且置于所述输入/输出部件、所述防尘套与所述柄部之间的密封元件；其中所述密封元件在邻近于所述柄部的所述防尘套的所述第一端部处限定主要密封界面，并在远离所述第一端部的所述防尘套的中部限定次要密封界面		

专利名称：对中央轮胎充气系统控制算法的主动适应		
公开号：MXPA04010406A	申请日期：2003.04.21	公开日期：2005.02.17
同族专利被引频次：49	同族专利分布国家数量：10	是否发生许可、转让：否
解决的技术问题或技术效果：系统的电子控制单元执行若干个软件例程形式的控制算法，所述控制算法用于确定由系统使用的多种参数（如轮胎压力、线路泄漏速率以及阀位置）。然而，这些参数受到空气控制回路的导管中的容积的显著影响，这一容积随不同的车辆而变化，取决于诸如车辆的长度、车辆上车轴和车轮的数量等因素		
技术手段：包含空气源；空气控制回路，包括设置在所述空气源和所述车辆的轮胎之间的导管；电子控制单元，被配置成确定所述导管的容积，根据所述容积调节控制变量值，以及根据所述控制变量值确定所述轮胎压力管理系统的参数值		

专利名称：车辆轴梁和制动器组件		
公开号：MXPA02006139A	申请日期：2000.12.21	公开日期：2002.12.13
同族专利被引频次：36	同族专利分布国家数量：10	是否发生许可、转让：否
解决的技术问题或技术效果：采用安装组件，该安装组件把气压制动促动器和带有 S 形凸轮的制动促动轴直接固定到制动器底板，这使得可以将制动器组件组装成一个模块，且可将相同的制动器组件用于各种不同的轴梁和悬架结构		

技术手段：公开了一种轴梁（2）和自持的鼓式制动器组件，尤其用于重型卡车。组件包括制动器底板（5）和通过安装组件安装在其上的促动构件，安装组件包括通过第二安装支架（44）附接到制动器底板的安装套筒（40），以及第一安装支架（42）固定气压制动促动器气缸（30）到安装套筒。制动促动凸轮轴（16）被定位和旋转支承在该套筒内

专利名称：通过高速液压成型制造车架构件的方法		
公开号：MXPA04005905A	申请日期：2004.06.17	公开日期：2005.06.08
同族专利被引频次：23	同族专利分布国家数量：14	是否发生许可、转让：否
解决的技术问题或技术效果：端部输送有助于在变形过程中在管形构件的整个长度形成一个相对一致的壁厚		
技术手段：提供一个空心管构件以及一个具有一内模腔的冲模。该管形构件布置在该模腔内部并且充满流体。在流体生成一个冲击波，从而使该管形构件增生成型，以向外展开与该模腔的形状相符。该冲击波可以由淹没在流体内部的一对电极之间的电弧放电来产生。管形构件的端部可以在扩展过程中输送到模腔内，以在该变形的管形构件上提供相对一致的壁厚		

专利名称：转向桥组件		
公开号：MXPA03001133A	申请日期：2001.08.01	公开日期：2003.06.09
同族专利被引频次：22	同族专利分布国家数量：9	是否发生许可、转让：否
解决的技术问题或技术效果：首先，由于无须填隙和精度加工，就能对主销的轴向和径向运动进行容易的和始终如一的监视和调节，因此，减少了这种运动。其次，组件的双凸台系统提供一种简化的转向节设计和制造。与三个凸台系统相比，双凸台的使用（i）由于减少密封件的数量和所需的调节而提高了接头的使用寿命；（ii）减少了工具、制造和装配的成本；（iii）能通过容易地改变主销的长度和/或隔板的尺寸，而改变桥梁的下降，从而减少对从心轴到梁的弹簧垫或中心段锻压有不同S形弯管的多S形弯管梁的需要；（iv）减少了组件的整体尺寸和重量，并具有容纳各种制动器和位置的能力；（v）获得可预测的、窄的轴承预紧/端部间隙的公差范围的能力；（vi）使用除锻造梁外的各种横截面的结构钢的能力。最后，与轴衬相比，在凸台孔径内使用轴承可以（i）获得较好公差的能力；（ii）使接头运动变动减少；（iii）使用较低的维修和制造成本		
技术手段：包括一个桥梁，该桥梁限定有一个具有一个第一孔径的第一凸台。该组件还包括一个限定一个第二凸台的转向节体。该第二凸台是整体套筒的形式，一个横拉杆臂和转向臂从此处延伸。第二凸台包括一个第二孔径。该组件还包括一套布置在第一和第二孔径中的一个内的轴承		

专利名称：多层凹陷隔热罩		
公开号：MX2007010474A	申请日期：2006. 02. 16	公开日期：2007. 10. 12
同族专利被引频次：16	同族专利分布国家数量：7	是否发生许可、转让：否
解决的技术问题或技术效果：凹陷提供减小振动的层间接触。凹陷可以利用冲模在所有层中同时形成。凹陷增强了隔热罩的减振效果		
技术手段：包括外层，该外层具有形成在其中的外凹陷；内层，该内层具有形成在其中的内凹陷，其中所述内凹陷的至少一部分和所述外凹陷的至少一部分嵌套在一起，使得所述内凹陷的至少一部分布置在所述外凹陷中；插入所述内层和所述外层之间的至少一个绝缘层		

专利名称：对具有桥间差速器的串联式驱动桥进行切换的方法		
公开号：MX2013008495A	申请日期：2012. 01. 20	公开日期：2013. 08. 12
同族专利被引频次：13	同族专利分布国家数量：6	是否发生许可、转让：否
解决的技术问题或技术效果：减少了风阻损失和摩擦损失，并且在没有过多地增加串联式驱动桥的成本和重量的情况下，帮助改进从一个操作状态到另一个操作状态的切换		
技术手段：使用离合装置调节第二车桥组件的一部分的转速，以将能量施与第二车桥组件内的润滑剂。与车辆的动力源连通的控制器调节动力源的操作状态，以便离合装置运动。动力分配单元包括桥间差速器，所述桥间差速器能够通过离合装置放置在锁定条件下，并且所述桥间差速器能够借助该桥间差速器容纳第一输出齿轮与第二输出齿轮之间的转动差		

专利名称：连接一个差速器外壳至一个轴箱用的支承元件		
公开号：MXPA05001764A	申请日期：2003. 10. 23	公开日期：2005. 04. 25
同族专利被引频次：13	同族专利分布国家数量：6	是否发生许可、转让：否
解决的技术问题或技术效果：增强的件体在各孔之间呈拱形地延伸以及能够具有一个台阶部分，以保证各孔之间的法兰上达到最大的密封力		
技术手段：包括一个件体，它具有第一和第二孔构造以与座架外壳的一个法兰的一个侧面上的相关的孔对准，以及构造为接收紧固件，延伸通过座架外壳内各孔和设置在座架外壳的另一侧面上的一个轴箱内相关的各孔，件体在座架外壳内各孔之间延伸		

专利名称：轴轮毂盖排出口		
公开号：MXPA05009530A	申请日期：2004. 03. 10	公开日期：2005. 10. 19
同族专利被引频次：13	同族专利分布国家数量：6	是否发生许可、转让：否
解决的技术问题或技术效果：该组件用来从轮毂盖中排出过大压力，同时防止杂质物体和成分进入		

续表

技术手段：该轮端组件包括轮毂盖，该轮毂盖被设置为结合到轮上，并且限定出保留轮轴承的润滑剂的室（40）。轮毂盖的一个壁具有孔（42），该孔与室（40）相流体连通；塞子（22）设置在该孔内。塞子（22）限定从该室中释放压缩空气的阀。该组件最后还具有盖（24），该盖支撑在塞子（22）的主体上，并且沿着向外的方向进行延伸。盖（24）设置在阀的出口（46）上，并且限定与阀的出口（46）和环境大气相互流体连通的第一流体室（68）。该盖和塞子作为一个装置可以插入孔中并且可以从该孔中拆下

专利名称：用于连接车架件的铸铝节点及其制造方法		
公开号：MXPA04000445A	申请日期：2004.01.15	公开日期：2004.11.12
同族专利被引频次：12	同族专利分布国家数量：7	是否发生许可、转让：否
解决的技术问题或技术效果：用于形成便于车架件连接的节点的方法和装置		
技术手段：（a）提供一个插入件，其具有一个节点固定部和一个安装部，该安装部适合于具有一个固定于其上的结构件；（b）在插入件的节点固定部周围形成一个节点，以将数个结构件连接在一起		

专利名称：车辆转向桥组件		
公开号：MX2009007281A	申请日期：2008.01.03	公开日期：2009.07.10
同族专利被引频次：12	同族专利分布国家数量：5	是否发生许可、转让：否
解决的技术问题或技术效果：提供不利用可分离的主销的车辆转向桥组件，其中消除了在转向桥和转向节之间的接合部。这将至少导致提供具有较低材料成本和劳动成本、消除间隙、降低连接区域中的机械应力以及消除手动填垫的车辆转向桥组件		
技术手段：车辆转向桥（11、21）具有水平的车桥构件（12、22），所述水平的车桥构件（12、22）具有一体地形成在端部上的转向轴线插入式部件（13、23），其中形成车辆转向轴线内孔部件（15、15′）的车辆转向节（14、24）可转动地直接连接到车辆转向桥。另一方面，车辆转向节（36）具有水平的转向节构件（38），所述水平的转向节构件（38）具有一体地形成在端部上的转向轴线插入式部件（37），其中车辆转向节可转动地直接连接到形成车辆转向轴线内孔部件（15″）的车辆转向桥（31）。这些方面没有一个利用可分离的主销		

（四）协同创新分析

德纳成立于 1904 年，是世界最大汽车零部件企业之一，具有完善的研发体系。德纳在墨西哥提交的专利申请均为单独申请。

德纳作为汽车零部件供应商，主要产品为动力传动系统。作为行业领军者，其掌握了核心技术，因此均采用自主研发形式，在协同创新方面较为欠缺。

（五）小结

本节主要从专利申请趋势、技术构成情况以及协同创新等多方面对德纳在墨西哥的专利申请情况进行了分析。德纳在墨西哥申请专利可追溯到1974年，2002—2007年为该公司在墨西哥专利申请的高峰期。该公司在墨西哥的研发热点为底盘、发动机、变速器技术分支。2015—2016年的研发重点在电子电器技术分支，更具体的研发重点为曲柄连杆机构、转向系统、万向传动机构、驱动桥、制动系统、悬架和胎压监测系统（TPMS）。相比于其他汽车零部件供应商，德纳的专利布局技术分支更多，以寻求产品多元化的发展。德纳在墨西哥的技术研发全部依靠自主开发，协同创新研发较为薄弱。

九、圣戈班

圣戈班总部设在法国，集团在全球67个国家设有生产企业，在实用材料的设计、生产及销售方面世界领先。生产销售的材料包括汽车和建筑玻璃、玻璃瓶、管道系统、砂浆、石膏、耐火陶瓷以及晶体，有关汽车领域的产品主要为汽车玻璃。

圣戈班在墨西哥库奥特拉港（Cuautla）的工厂已拥有两条浮法玻璃生产线、两条玻璃镜和夹层玻璃生产线以及一条超薄玻璃镀膜生产线。圣戈班于2020年在墨西哥东北部的萨尔蒂约市（Saltillo）投资新建一条浮法玻璃生产线，产品面向建筑及汽车玻璃市场，以应对市场需求，进一步巩固了圣戈班在墨西哥地区建筑及汽车玻璃市场的地位，并与库奥特拉港的工厂形成区域互补。

（一）专利申请情况

图4-37为圣戈班在墨西哥的专利申请分布沙盘图。从图中可以看出，圣戈班专利申请集中区域包括玻璃元件、外玻璃板、边缘面/玻璃片材、二极管和粒度改进剂等。从3D沙盘图角度看，圣戈班的技术优势在于材料技术，如汽车玻璃和汽车底盘、车身和内外饰中涉及的材料等。

圣戈班在墨西哥提交有关汽车的专利申请共 178 件，在专利申请人的申请量排名中居第八位。图 4-38 为圣戈班有关汽车关键技术的专利申请趋势。从图中可以看出，圣戈班在墨西哥的专利申请可大致分三个阶段。2002—2014 年为第一阶段，专利的申请量较少，年申请量均低于 10 件，该时期属于技术发展萌芽期。2015—2019 年为第二阶段，圣戈班开始重视在墨西哥的专利布局，专利申请量出现了波段式上升的增长趋势，这与墨西哥汽车市场的增长趋势相呼应，专利年申请量均突破 10 件，尤其是 2018 年的专利申请量出现了井喷式增长，达到峰值 28 件，当年的申请主要集中在车身技术领域。第三阶段为 2020 年以后，由于墨西哥专利申请公开的滞后性，2020—2021 年专利申请量为零的原因在于可能有部分专利申请尚未公开，因此下跌趋势并不真实。

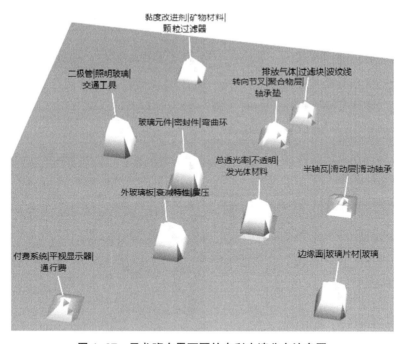

图 4-37　圣戈班在墨西哥的专利申请分布沙盘图

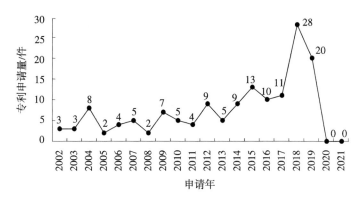

图 4-38　圣戈班在墨西哥的专利申请趋势

　　从图4-39各关键技术分支的专利申请趋势可以看出，各一级技术分支的申请趋势略有不同。其中车身技术分支分别在2004年、2015年和2017年出现了三个申请量峰值，分别为7件、9件和17件。而内外饰技术领域从2010年开始出现了时间跨度较大的波段式增长趋势，从2010年的2件增长到2019年的8件。可见，圣戈班在墨西哥加大对车身和内外饰技术的研发力度，其他技术分支专利申请量较少。

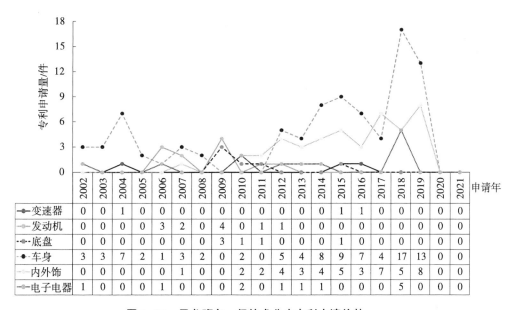

	2002	2003	2004	2005	2006	2007	2008	2009	2010	2011	2012	2013	2014	2015	2016	2017	2018	2019	2020	2021
变速器	0	0	1	0	0	0	0	0	0	0	0	0	0	1	1	0	0	0	0	0
发动机	0	0	0	0	3	2	0	4	0	1	1	0	0	0	0	0	0	0	0	0
底盘	0	0	0	0	0	0	0	3	1	1	0	0	0	1	0	0	0	0	0	0
车身	3	3	7	2	1	3	2	0	2	0	5	4	8	9	7	4	17	13	0	0
内外饰	0	0	0	0	0	1	0	0	2	2	4	3	4	5	3	7	5	8	0	0
电子电器	1	0	0	0	1	0	0	0	2	0	1	1	1	0	0	0	5	0	0	0

图 4-39　圣戈班各一级技术分支专利申请趋势

圣戈班各二级技术分支的专利申请趋势如图4-40所示。由于圣戈班为汽车零部件供应商，供应的产品比较单一，主要为汽车玻璃和汽车内外饰，其专利申请涉及的技术分支也主要集中在车门开闭件和车身外饰，其他技术分支分布较少。

可以看出，车身开闭件技术分支和车身外饰技术分支的专利申请量增长趋势最为明显，申请量排名前两位，车身开闭件技术分支在2018年有16件专利申请，而车身外饰技术分支在2019年有6件专利申请。可见，车身开闭件和车身外饰是圣戈班在墨西哥重点研发的方向，主要原因在于圣戈班的主营产品玻璃属于车身开闭件技术范畴。白车身技术分支和电器系统技术分支的专利申请量虽然较少，但是仍处于增长趋势，也属于圣戈班未来的技术研发方向。

此外，后处理技术分支的专利申请集中在2006—2012年，主要涉及尾气净化技术，此后便没有出现专利申请。

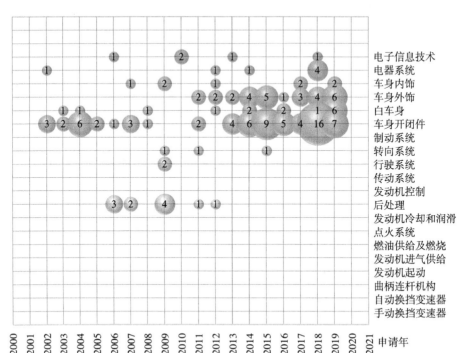

图 4-40　圣戈班各二级技术分支专利申请趋势

（二）技术分布

如图 4-41 所示，从汽车六大关键技术来看，圣戈班在墨西哥的专利技术分布较为单一，布局重点集中在车身技术分支，共提交专利申请 112 件，占汽车相关专利总申请量的 54%，遥遥领先于其他一级技术分支。其次是内外饰技术、电子电器、发动机、底盘和变速器技术分支，分别为 47 件、12 件、11 件、7 件和 3 件，其中内外饰技术占比为 23%。可见，圣戈班在墨西哥的研发重点在车身技术分支和内外饰技术分支。

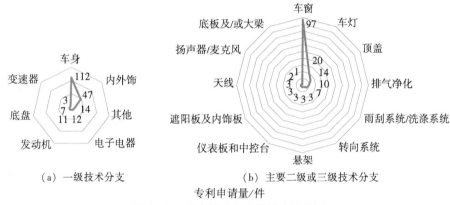

（a）一级技术分支　　　　　　　　（b）主要二级或三级技术分支

专利申请量/件

图 4-41　圣戈班公司研发热点雷达图

在汽车的二级和三级技术分支方面，圣戈班的专利布局主要在车窗（97件）、车灯（20件）、顶盖（14件）、排气净化（10件）和雨刮系统/洗涤系统（7件），其他三级分支的专利申请量均少于 5 件。可见，圣戈班的技术研发优势仍然是涉及车窗技术分支的汽车玻璃。除了将主营产品汽车玻璃作为重点专利布局区域，圣戈班在车灯、顶盖、排气净化和雨刮系统/洗涤系统等方面也布局了一部分专利。可见，相比于其他汽车零部件供应商较为单一的技术布局，其专利布局技术分支更多，更倾向于寻求产品多元化的发展。

（三）重点专利分析

根据圣戈班在墨西哥专利申请的同族专利数量、被引频次、诉讼、许可、转让等因素，综合判断其重点专利，表 4-15 和表 4-16 为圣戈班重点专利的概况与详情。

表 4-15　圣戈班在墨西哥申请的部分重点专利列表

公开号	同族专利被引频次	布局国家/地区	是否诉讼	是否许可	是否转让
MXPA04005089A	206	DE, PT, IN, JP, KR, EP, CN, MX, FR, ES, BR, AT, AU, WO, US	无	无	无
MXPA02005492A	68	PL, US, CN, CZ, AT, DE, EP, JP, MX, PT, BR, ES, KR, WO	无	无	无
MX2009010801A	63	DE, RU, JP, KR, EP, MX, CN, ES, BR, AT, WO, PL, US	无	无	无
MXPA06000710A	44	EP, WO, FR, US, AT, AU, BR, CA, CN, DE, MX, NO, DK, ES, IN, JP, KR, PL, PT, RU, ZA	无	无	无
MX2007014719A	42	PT, JP, KR, EP, CN, MX, FR, ES, BR, AT, WO, EA, PL, CA, US	无	无	无
MXPA05011758A	40	EP, WO, BR, DE, US, AT, CN, ES, MX, JP, KR, PL	无	无	无
MXPA03003178A	32	MX, WO, CZ, DE, EP, JP, ES, KR, AU, BR, CN, PL, US	无	无	无
MX2007007049A	30	WO, FR, CA, CN, EP, MX, BR, IN, KR, RU, US, AT, ES, JP, PT	无	无	无
MXPA04004353A	25	EP, DE, WO, AT, BR, CA, CN, ES, HU, PT, US, IN, JP, KR, MX, PL, RU, ZA, AU	无	无	无
MXPA03008127A	24	MX, BR, CZ, DE, ES, WO, AU, CA, CN, EP, HU, RU, US, FR, JP, KR, PL, PT, ZA, IN	无	无	无

表 4-16　圣戈班在墨西哥申请的部分重点专利详情

专利名称：强透射光的结构化透明板		
公开号：MXPA04005089A	申请日期：2002.11.20	公开日期：2004.08.19
同族专利被引频次：206	同族专利分布国家数量：15	是否发生许可、转让：否
解决的技术问题或技术效果：由于其纹理结构，板的光透射性能得到改进		
技术手段：一种结构化透明板，将该板设置在一个能够收集或发射光的元件附近，利用所述表面的总平面上的多个像角锥形或锥形的几何凸起图案，使所述板在其至少一个表面上结构化		

专利名称：车窗玻璃与相邻元件的连接		
公开号：MXPA02005492A	申请日期：2000.12.21	公开日期：2002.09.02
同族专利被引频次：68	同族专利分布国家数量：14	是否发生许可、转让：否
解决的技术问题或技术效果：用于将固定安装的车窗玻璃与相邻的该车窗玻璃的一条棱边，特别是与一个集水器相连接		
技术手段：用于通过一个固定在车窗玻璃（2）的定型配件，将固定安装的车窗玻璃（1），特别是风挡，与一个相邻于该车窗玻璃的一条棱边的元件，特别是集水器（6），连接在一起，其特征在于，该定型配件是一个黏合在车窗玻璃处的定型焊缝（10,10′），该定型焊缝（10, 10′）具有一个唇状件（11,11′），该唇状件（11,11′）光滑且连续地连接于该车窗玻璃的自由的主要表面，其特征在于，该唇状件（11,11′）在其下表面上有一些用于与该元件（6）相连接的装置（12,12′,13,13′）		

专利名称：球形滑动轴承		
公开号：MX2009010801A	申请日期：2008.03.27	公开日期：2009.12.14
同族专利被引频次：63	同族专利分布国家数量：13	是否发生许可、转让：否
解决的技术问题或技术效果：该滑动轴承的突出之处在于它是一种非常简单的设计，以及与已知的现有技术相比，改进了振动阻尼特性		
技术手段：具体是用于一个球窝节，该球窝节带有一个滑动轴承半轴瓦（1a,1b），其中该滑动轴承半轴瓦（1a,1b）包括包含一种润滑剂的一个滑动层（5）及至少一个在尺寸上稳定的支撑层（7）		

专利名称：用于过滤内燃机排放气体中含有的颗粒的过滤块		
公开号：MXPA06000710A	申请日期：2004.07.15	公开日期：2006.04.19
同族专利被引频次：44	同族专利分布国家数量：21	是否发生许可、转让：否
解决的技术问题或技术效果：存在对一种过滤体的需求，所述过滤体在其使用寿命的任何时刻都呈现一个小的荷载损失，并且不必经常清洗。该发明的目的是要满足所述需求		
技术手段：过滤块，其用于过滤一内燃机的排放气体中含有的颗粒，所述过滤块包括相邻的入口孔道（10,11）和出口孔道（12,13）的送瓦式组件，并且所述入口孔道（10,11）和所述出口孔道（12,13）通过它们的侧壁使流体流通，所述侧壁在横断面上呈一确定的波纹线，以便通过缩减所述出口通道（12,13）的总容积而增大所述入口孔道（10,11）的总容积，且所述入口孔道（10,11）的总容积（V_e）大于所述出口孔道（12,13）的总容积（V_s）		

专利名称：用于把装饰性成形件固定在成形压条上的装置		
公开号：MX2007014719A	申请日期：2006.05.24	公开日期：2008.02.19
同族专利被引频次：42	同族专利分布国家数量：15	是否发生许可、转让：否
解决的技术问题或技术效果：通过提出用于连接装饰性成形件的系统以减少现有技术的缺点，该系统是可靠的并能够在包括特别是震动的极端条件下保持该装饰性成形件，对应用来说是容易且便宜的，而且也可不用考虑连接所选择的成形压条的技术来使用		
技术手段：该成形压条被安装在窗玻璃（4）上，特别是在窗玻璃的外围至少一部分上，所述装置包括至少一个刚性夹子（5），该夹子具有至少上游相互作用部分A，被设计成允许与所述成形压条（3）相互作用；下游相互作用部分B，被设计成允许与所述装饰性成形件（2）相互作用。其特征在于：所述上游相互作用部分A包括至少一个凸出的凸形元件（6）或凹入的凹形元件，这个元件相应地与设置在成形压条（3）内的对应的凹入的凹形元件（7）或凸出的凸形元件相互作用，所述凹入的凹形元件（7）具有的内部尺寸至少部分地小于所述凸出的凸形元件（6）的外部尺寸		

专利名称：汽车的窗玻璃天线		
公开号：MXPA05011758A	申请日期：2004.04.21	公开日期：2006.01.26
同族专利被引频次：40	同族专利分布国家数量：12	是否发生许可、转让：否
解决的技术问题或技术效果：为了避免天线区域与车身（接地的）的直接耦合，必须整个沿着窗玻璃的边缘，使这个涂层远离或对其切割。因而不可能把该耦合电极设置得非常靠近该窗玻璃的边缘，电极在这里在光学上能被车窗的框架所遮掩		
技术手段：用于汽车的天线窗玻璃，它包含导电涂层（2），它以表面的方式在窗玻璃（12）的表面上伸展，直到涂层的自由边缘区域，该涂层（2）用作天线元件；还包含耦合电极（4），它装备有外部连接，该电极（4）以电容的方式与夹有绝缘层（13）的导电涂层（2）相耦合，耦合电极（4）是由至少一根细金属线组成的。按照该发明，至少一根细金属线从窗玻璃（1）的边缘区域开始，通到由涂层（2）覆盖的表面上，然后返回具有至少一个折的边缘区域，使得该金属线的两个端部（4A，4B）位于窗玻璃（1）的边缘区域		

专利名称：包括用来将玻璃安装在窗洞中的成型带的窗玻璃的应用		
公开号：MXPA03003178A	申请日期：2000.10.10	公开日期：2003.09.25
同族专利被引频次：32	同族专利分布国家数量：19	是否发生许可、转让：否
解决的技术问题或技术效果：一种新类型的窗玻璃的安装，该安装包括一个成型带，该成型带在覆盖该窗玻璃的一部分之前不需要任何精加工的接合		

续表

技术手段：用于在车辆的车身窗洞中的黏合安装，它包括具有成型带的玻璃板，该成型带至少固定在玻璃板的主要表面上，该主要表面在安装状态时面向内部，该成型带支撑在该窗洞的至少一部分上，安装后，在该窗玻璃的窗洞和侧面之间的可见空间小于 5 毫米；其特征在于，该成型带包括了在至少其长度的一部分上的从窗玻璃边缘凸出的唇型物；并且该成型带的唇型物沿着该窗玻璃的至少两侧设置以用作对中工具，以便很好地将该窗玻璃定位在车身窗洞中，而且未设置在该窗玻璃的底部边缘

专利名称：由至少两个相邻窗玻璃件组成的复合窗玻璃以及这种复合窗玻璃的生产方法		
公开号：MX2007007049A	申请日期：2005.12.09	公开日期：2007.06.22
同族专利被引频次：30	同族专利分布国家数量：15	是否发生许可、转让：否
解决的技术问题或技术效果：使产生横向和/或纵向的全景挡风玻璃成为可能，而不需相应的车身的横向和/或纵向		
技术手段：涉及复合窗玻璃（1），此窗玻璃包括至少两个玻璃件（10；20），它们沿着边缘（11；21）的至少一部分相邻且相互分开一间隔（2），其特征在于第一窗玻璃件（10）在侧面（12）之下设有刚性成形件（13）的至少一部分，这部分凸出到所述边缘之外而形成用作第二窗玻璃件（20）的支承		

专利名称：在配件上生产型缘的方法与装置以及装配有型缘的窗玻璃		
公开号：MXPA04004353A	申请日期：2002.11.07	公开日期：2004.09.10
同族专利被引频次：25	同族专利分布国家数量：19	是否发生许可、转让：否
解决的技术问题或技术效果：能使成形面更好地与此配件的轮廓以及任何的尺寸的偏差相匹配		
技术手段：在配件（1）上特别是在窗玻璃上生产由塑料（特别是由聚合物）制的型缘的方法，在此方法中使此配件（1）的表面的边缘区或侧面区的至少一部分与成形面（7，7′）接触，其中塑料被沉积黏附到此配件没有被成形面接触的表面的至少轮廓部分上，同时所形成的型缘的外部尺寸也由此成形面确定		

专利名称：生产塑料玻璃制品的方法		
公开号：MXPA03008127A	申请日期：2002.03.06	公开日期：2003.12.12
同族专利被引频次：24	同族专利分布国家数量：20	是否发生许可、转让：否
解决的技术问题或技术效果：该玻璃制品可以变形，或是可以很容易地装备用于安装的呈金属图案等的四周插入物		

技术手段：一种至少部分透明的并且具有可与玻璃制品光学质量相比的高光学质量的产品的生产方法，其中在至少一部分模具底部放置具有相应形状的绝热薄板，然后往这个模具中注入热塑性材料，该材料能与所述产品中的所述薄板连接，其特征在于其底部有所述薄板的模具的部分温度保持低于没有所述薄板时达到所要求光学质量所必需的温度

（四）协同创新分析

圣戈班，成立于 1665 年，是其所在行业的世界领先者，并且是世界工业集团百强之一，具有完善的研发体系。圣戈班在墨西哥提交的专利申请均为单独申请。

圣戈班作为汽车零部件供应商，专利涉及的技术较为单一，主要为汽车玻璃和汽车内外饰。作为行业领军者，其掌握了核心技术，因此，其研究开发方式均采用自主研发形式，在协同创新方面较为欠缺。

（五）小结

本节主要从专利申请趋势、技术构成情况以及协同创新等多方面对圣戈班在墨西哥的专利申请情况进行了分析。圣戈班在墨西哥的专利布局时间较晚，2015—2019 年为该公司在墨西哥专利申请的快速发展期。该公司在墨西哥的研发热点为车身技术领域，在车身和内外饰技术领域的专利申请有增加的趋势，更具体的研发重点为车窗、车灯、顶盖和排气净化技术。圣戈班相比于其他汽车零部件供应商，其专利布局技术分支更多，以寻求产品多元化的发展。圣戈班在墨西哥的技术研发全部依靠自主开发，协同创新研发较为薄弱。

十、固特异

固特异始建于 1898 年，至今已有百余年的历史。固特异是世界上最大的轮胎生产公司，总部位于美国俄亥俄州阿克隆市。公司主要在 28 个国家 90 多个工厂中生产轮胎、工程橡胶产品和化学产品。如今，固特异在全世界拥有员工 80000 多人。

在汽车工业快速发展的带动下，许多轮胎公司将墨西哥视作投资热土，在此投巨资建新厂或进行扩能改造。目前，有 6 家外资企业在墨西哥建立了 8 个轮胎生产工厂，分别是普利司通（BRIDGESTONE）、大陆集团（CONTINENTAL）、

倍耐力（PIRELLI）、托内尔（TORNEL）、米其林和固铂（COOPER TIRES）。

1944年，固特异在墨西哥成立了固特异·欧苏橡胶公司，这是一家与当地最大的轮胎制造商合资的公司。1969年，该公司的年营业额达到3亿美元，五年后达到5亿美元，并且在全球34个国家设立分公司或工厂。

为满足美洲地区汽车市场需求增长，固特异在墨西哥圣路易斯波托西州（San Luis Potosi）的新轮胎工厂于2017年投产，成为固特异全球最先进的工厂之一，初始产能高达每年约600万条轮胎，满足了北美和拉美市场对高附加值轮胎产品的旺盛需求。

（一）专利情况

图4-42为固特异在墨西哥的专利申请分布沙盘图。从图中可以看出，固特异的专利申请集中区域包括径向帘布层、二氧化硅、帘线和肩部区域等，上述技术均为与轮胎相关的技术。从3D沙盘图角度看，固特异在墨西哥布局的专利主要涉及其传统的核心产品——轮胎。

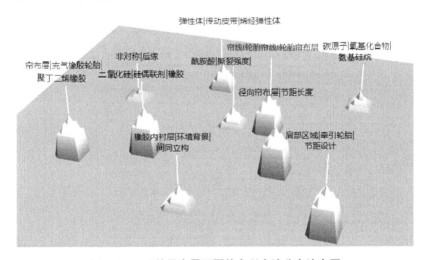

图4-42　固特异在墨西哥的专利申请分布沙盘图

固特异在墨西哥提交有关汽车的专利申请共172件，在专利申请人的申请量排名中居第九位。图4-43为固特异有关汽车关键技术的专利申请趋势。可以看出，固特异在墨西哥的专利申请非常少，仅在2004年和2010年出现了两个小峰值，数量分别为4件和3件。2013年以后，固特异再也没有在墨西哥申请过专利。可见，固特异已经淡出墨西哥市场的技术竞争。固特异在墨西哥的专利申请可追溯到 1976 年，其申请量峰值为 1997 年的 36 件，较早在墨西哥布局了大量专利，主营业务的研究也趋于成熟，该领域技术竞争逐渐消退，这和固特异全球专利申请趋势相符合。

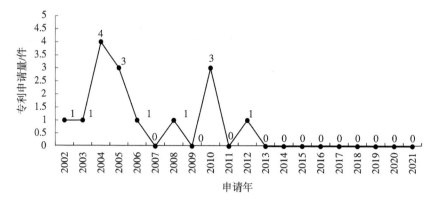

图 4-43　固特异在墨西哥的专利申请趋势

从图 4-44 可以看出，固特异各一级技术分支的申请量较少，分布较为凌乱。底盘技术分支专利申请量峰值为 2004 年的 3 件；在电子电器技术分支方面，在 2010 年申请量了涉及胎压监测系统（TPMS）的专利 1 件；在内外饰技术分支方面，2006 年申请了 1 件专利。

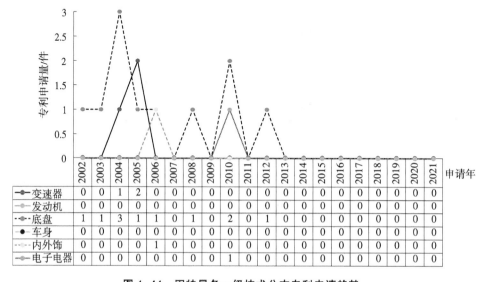

	2002	2003	2004	2005	2006	2007	2008	2009	2010	2011	2012	2013	2014	2015	2016	2017	2018	2019	2020	2021
变速器	0	0	1	2	0	0	0	0	0	0	0	0	0	0	0	0	0	0	0	0
发动机	0	0	0	0	0	0	0	0	0	0	0	0	0	0	0	0	0	0	0	0
底盘	1	1	3	1	1	0	1	0	2	0	1	0	0	0	0	0	0	0	0	0
车身	0	0	0	0	0	0	0	0	0	0	0	0	0	0	0	0	0	0	0	0
内外饰	0	0	0	0	1	0	0	0	0	0	0	0	0	0	0	0	0	0	0	0
电子电器	0	0	0	0	0	0	0	0	1	0	0	0	0	0	0	0	0	0	0	0

图 4-44　固特异各一级技术分支专利申请趋势

固特异在 2002—2012 年（2013—2021 年无专利申请）各二级技术分支的专利申请趋势如图 4-45 所示。从图中可以看出，固特异的专利申请绝大多数分布在行驶系统，主要涉及轮胎，其申请年份分布较为均匀。

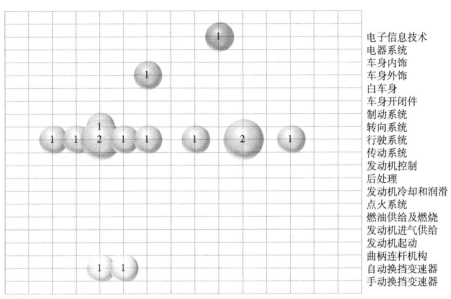

图 4-45　固特异各二级技术分支申请趋势示意

此外，电子信息技术分支在 2009 年有专利申请 1 件，车身外饰技术分支在 2006 年申请了 1 件专利，转向系统在 2006 年申请了 1 件专利，自动换挡变速器技术分支在 2004 年和 2005 年均申请了 1 件专利，主要涉及带式传动变速器。其他技术分支未出现专利申请。可见，固特异的轮胎技术趋于成熟。

（二）专利技术分布

如图 4-46 所示，从汽车六大关键技术来看，固特异在墨西哥的专利布局重点集中在底盘技术，共提交专利申请 165 件，占汽车相关专利总申请量的 93%，遥遥领先于其他技术分支，这与固特异以汽车轮胎为主营产品密切相关。此外，内外饰、变速器、车身和电子电器技术分支提交的专利申请相对较少，分别为5件、4件、2件和2件。

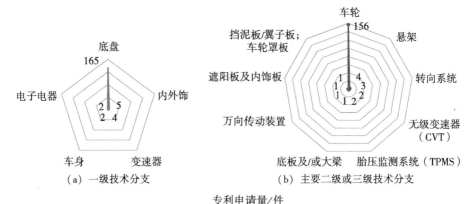

（a）一级技术分支　　　（b）主要二级或三级技术分支

专利申请量/件

图4-46　固特异研发热点雷达图

在发动机的二级和三级技术分支方面，固特异的专利布局主要在车轮（156件）、悬架（4件）、转向系统（3件），其他三级分支的专利申请量均不超过2件。此外，胎压监测系统（TPMS）技术分支有2件专利申请。可见，固特异的专利申请几乎全部涉及轮胎技术领域，这与固特异以轮胎为主营产品的实际情况相符合。

（三）重点专利分析

根据固特异在墨西哥专利申请的同族专利数量、被引频次、诉讼、许可、转让等因素，综合判断其重点专利，表4-17与表4-18分别示出了部分固特异重要专利的概况与详情。

表4-17　固特异在墨西哥申请的部分重点专利列表

公开号	同族专利被引频次	布局国家/地区	是否诉讼	是否许可	是否转让
MXPA04000853A	99	DE，JP，WO，CN，US	无	无	无
MX9801235A	75	BR，DE，AU，JP，KR，WO，EP，CN，MX，US，CA，ES	无	无	无
MXPA02008786A	38	BR，DE，TH，AU，JP，KR，EP，CN，MX，CA，ES，US	无	无	无

续表

公开号	同族专利被引频次	布局国家/地区	是否诉讼	是否许可	是否转让
MX9701749A	35	CN, US, CA, JP, MX, PL, AU, KR	无	无	无
MX9602369A	30	CN, JP, BR, EP, KR, MX, CA, DE, ES, US	无	无	无
MX9504408A	29	DE, JP, BR, KR, NO, CA, CN, EP, MX, TW, ZA, AT, US	无	无	无
MX9701548A	28	CA, KR, DE, EP, PL, TW, CN, ID, JP, MX, BR, US	无	无	无
MX9601813A	25	DE, JP, KR, EP, CN, MX, ES, BR, AR, AU, TH, CA, US, TR	无	无	无
MX9505281A	19	NO, TR, ES, FI, KR, TW, AT, CN, CZ, EP, HU, NZ, AR, AU, BR, CA, DE, JP, MA, PL, MX, TH, ZA	无	无	无
MXPA06007708A	15	CA, CN, MX, US, BR	无	无	无

表 4-18　固特异在墨西哥申请的部分重点专利详情

专利名称：具有改进胎体的跑气保用轮胎		
公开号：MXPA04000853A	申请日期：1998.04.17	公开日期：2005.08.16
同族专利被引频次：99	同族专利分布国家数量：5	是否发生许可、转让：否
解决的技术问题或技术效果：根据该发明制造的轮胎胎体有效地增大了轮胎的爆破强度，而降低了同类接头的不均匀性		
技术手段：使用轮胎层板材料（20），其由弹性材料（24）制成，为了增强弹性材料（24），将平行帘线（22）埋置其内，层板材料作为其和其他直线移动轮胎组件的传输条带，当层板材料沿传输路线移动时，其他轮胎组件被连续成型，并将它们粘贴到层板材料（20）上，以形成一层制品（10A）		

专利名称：低纵横比卡车轮胎		
公开号：MX9801235A	申请日期：1996.08.09	公开日期：1998.05.31
同族专利被引频次：75	同族专利分布国家数量：12	是否发生许可、转让：否
解决的技术问题或技术效果：改进了原来不耐磨的足迹形状，而得出基本上为矩形的足迹，无蝶形外观		

技术手段：改进的轮胎（10）具有一径向外胎表面（30），它是由三个在外胎面中心线 CL 各侧的曲率半径 R_1，R_2 和 R_3 限定的。半径 R_1 和 R_2 在轮胎（10）内侧，而半径 R_3 在轮胎（10）外侧，且限定了外胎面臂区的外表面（30C）。弯曲部分（30A，30B，30C）的组合，产生了极大改善轮胎（10）外胎面磨损率的大致矩形的接触斑纹。轮胎（10）的半径 R_2 为曲率半径 R_1 的 1.3 ~2 倍，半曲率半径 R_3 为第一曲率半径 R_1 的 0.7 ~2.5 倍，最好为 1.0 ~2.5 倍，臂部凸缘（25A）的侧缘（21）被倒角

专利名称：具有可膨胀中央部和端部内有独立可膨胀胎圈锁定组件的轮胎成型鼓		
公开号：MXPA02008786A	申请日期：2002.09.09	公开日期：2003.03.27
同族专利被引频次：38	同族专利分布国家数量：12	是否发生许可、转让：否
解决的技术问题或技术效果：可以看出，这些从轮胎外表面向上膨胀形成很大的突起（18）。后轮胎部件如第二胎体帘布层很难压入上述突起的不平整轮廓。空气会残留在轮胎的突起部位中		
技术手段：包括一中心部和两端部。每一端部上设有可膨胀胎圈锁定组件。中心部最好可膨胀。可膨胀胎圈锁定组件包括扣圈盘和延伸于扣圈盘与许多可径向膨胀部段之间的细长形连杆。当扣圈盘向里运动时，可径向膨胀部段沿径向向外运动，把许多轴向延伸、在圆周方向上相间距的指状部段从收缩位置向外推动到膨胀位置，以及推动到在这两位置之间的至少一位置		

专利名称：漏气保用低压全路面车辆（ATV）轮胎		
公开号：MX9701749A	申请日期：1997.03.07	公开日期：1997.09.30
同族专利被引频次：35	同族专利分布国家数量：8	是否发生许可、转让：否
解决的技术问题或技术效果：该发明的轮胎（10，11）可被构成来提供在使用中无须充气的有限漏气保用能力或完全漏气保用能力		
技术手段：该轮胎具有一环形胎冠，该胎冠具有一对横向边棱；一对环形胎边芯线；一环形胎冠的径向向内的胎体，该胎体具有一个或多个芯线加强帘线层，它伸向并绕过该胎边芯线；一弹性脊，邻近于每个胎边芯线并从那径向向外延伸；该轮胎的特征在于一对第一弹性嵌入件，其中一个弹性嵌入件从每个横向的胎冠边棱向每个胎边芯线延伸，并径向和轴向向内终止于该弹性脊的径向外部		

专利名称：能产生内部扭矩的轮胎胎面件		
公开号：MX9602369A	申请日期：1996.06.17	公开日期：1998.04.30
同族专利被引频次：30	同族专利分布国家数量：10	是否发生许可、转让：否
解决的技术问题或技术效果：该胎面件能围绕单个胎面件或整个围绕该轮胎着地面积产生一个净扭矩		

续表

技术手段：一种具有一个胎面的轮胎，该胎面具有胎面件，当受到径向压缩时，该胎面件会呈现一个净扭矩。如此产生的净扭矩可以指向和设计成能影响该轮胎的剩余稳定扭矩（也称为RSAT）。该发明的一个实施例的特征在于，一种具有一个胎面件的轮胎胎面，该胎面件具有一个类似于一个顶面的形状，使该胎面件可相对于其底面相对扭转。当径向加载时，该胎面件受到压缩并且产生一个绕该胎面件质心转动的净扭矩

专利名称：具有作为冲击缓冲或加固嵌材充纱罗织物的带结构		
公开号：MX9504408A	申请日期：1995.10.19	公开日期：1998.03.31
同族专利被引频次：29	同族专利分布国家数量：13	是否发生许可、转让：否
解决的技术问题或技术效果：当普通织物被用作加固材料时，剪切应力能导致表面层沿带的嵌入织物和帘子织物/化合物的接触面开裂。这种开裂也将导致加固部分的剥离和断裂。在加固织物中，常常将嵌入物中的织物凸起部分切断以分散剪切应力，但凸起部分仍能引起剥离		
技术手段：在一带结构中，具有增强层和至少一层表面层，其改进在于在上述带中结合一层拉伸强度至少 2800 kN/m 的充纱罗织物		

专利名称：设计成具有高抗磨性表面的橡胶制品		
公开号：MX9701548A	申请日期：1997.02.28	公开日期：1997.09.30
同族专利被引频次：28	同族专利分布国家数量：12	是否发生许可、转让：否
解决的技术问题或技术效果：使用传统添加剂而能够改善橡胶制品表面的抗磨性的新方法		
技术手段：所述表面区域由一系列彼此相互平行的橡胶层组成，在沿所述橡胶制品的所述表面区域并在垂直于所述橡胶层的方向上测量时，所述制品的各橡胶层的致密度（即厚度）为每 25.4 毫米至少有 200 层		

专利名称：具有二氧化硅补强剂的胎面的轮胎		
公开号：MX9601813A	申请日期：1996.05.15	公开日期：1997.07.31
同族专利被引频次：25	同族专利分布国家数量：14	是否发生许可、转让：否
解决的技术问题或技术效果：该发明涉及具有主要用二氧化硅补强的橡胶胎面的轮胎。一方面，该胎面由特定的多成分橡胶共混物组成，该橡胶共混物是用一定量的二氧化硅或二氧化硅与炭黑的组合补强的		
技术手段：胎面的橡胶是由基于至少 3 种丁二烯基的合成橡胶弹性体组成的，该合成橡胶包含 2 种 Tg 间隔开的异戊二烯/丁二烯共聚物弹性体和顺式 1，4-聚丁二烯弹性体		

专利名称：一种制造层状制品和将轮胎组件制成轮胎胎体的方法和设备		
公开号：MX9505281A	申请日期：1995.12.14	公开日期：1997.01.31
同族专利被引频次：19	同族专利分布国家数量：23	是否发生许可、转让：否
解决的技术问题或技术效果：根据该发明制造的轮胎，胎体有效地增大了轮胎的爆破强度，而降低同类接头的不均匀性		
技术手段：使用轮胎层板材料（20），其由弹性材料（24）制成，为了增强弹性材料（24），将平行帘线（22）埋置其内，层板材料作为其和其他直线移动轮胎组件的传输条带，当层板材料沿传输路线移动时，其他轮胎组件被连续成型，并将它们粘贴到层板材料（20）上，以形成一层制品（10A）		

专利名称：用于高间隙喷洒机的子午线农用轮胎		
公开号：MXPA06007708A	申请日期：2006.07.05	公开日期：2007.06.14
同族专利被引频次：15	同族专利分布国家数量：5	是否发生许可、转让：否
解决的技术问题或技术效果：期望提供一种用于中耕作物田地喷洒机的充气农用轮胎，其可以提供湿和干的牵引状况下的良好负载承载能力，可以在宽度很窄的地面接触接地区上承载重的荷载，并且不会遭受由于硬路面行驶引起的任何严重的不良结果		
技术手段：胎面有周向内胎面和从其径向向外凸出的多个花纹块。带束层增强结构有由合成帘线增强且在胎面下的4个或更多带束层。胎体有一对胎圈部分，每个有芯和其上的胎圈填充物，以及第一和第二两对胎体层。每个层由径向定向合成帘线增强且从每个胎圈芯内侧缠绕至轴向外部翻卷端部。第一对层在胎圈芯间径向内侧且邻近第二对层，翻卷端部绕胎圈芯和第二对层翻卷端部缠绕		

（四）协同创新分析

作为一个拥有上百年历史的轮胎制造商，固特异凭借其尖端技术以及在产品性能方面的出众实力，早已成为全球家喻户晓的轮胎品牌。固特异始终不懈地致力于新产品的开发，具有完善的研发体系。固特异在墨西哥提交的专利申请均为单独申请。

固特异的产品较为单一，主要为轮胎，作为行业领军者，其掌握了核心技术，因此其研究开发方式均采用自主研发形式，在协同创新方面较为欠缺。

（五）小结

本节主要从专利申请趋势、技术构成情况以及协同创新等多方面对固特异在墨西哥的专利申请情况进行了分析。固特异在墨西哥专利布局的时间主要为 20 世纪 90 年代前后。固特异在墨西哥的专利申请比重较小，可见固特异的技术研发趋于成熟。该公司在墨西哥的研发热点为车轮技术领域，该领域的专利申请有减少的趋势，表明该公司有淡出墨西哥市场竞争的趋势。从专利申请角度看，固特异作为技术领先者，其在墨西哥的技术研发完全依靠自主开发，在墨西哥没有开展协同创新研发。

十一、亨德里克森

1913 年，发明家兼商人马格纳斯·亨德里克森成立亨德里克森卡车制造公司，主要生产配备有起重机或翻斗车身的卡车。

1926 年，亨德里克森首款均衡梁悬架面世。均衡梁设计独特，使该产品至今仍在业界广泛应用。1969 年，该公司进军钢板弹簧行业，巩固了它在重型悬架领域的地位。1978 年，亨德里克森被博勒（Boler）并购，随后大举进军挂车悬架和举升轴行业。之后，亨德里克森出售卡车制造业务分部，专注于悬架系统和相关组件的生产。

自 1978 年被博勒并购以来，亨德里克森发展成为相关行业重要的供应商，客户包括北美、欧洲、亚洲和大洋洲的重型卡车和挂车代订，以及南美洲和非洲的许多制造商。其 90% 的收入来自美国、加拿大和墨西哥。

2016 年，亨德里克森在克雷塔罗州安装了第一条 INTRAAX® 集成悬架系统装配线；2018 年继续在其装配线上装配了滑动式拖车悬挂系统，VAN-TRAAX®，HXLTM 车轮端子系统和 TIREMAAX® 自动轮胎压力控制系统。

2019 年 4 月，亨德里克森墨西哥分公司取得了 IATF 16949：2016 质量标准的认证，用于集成式空气悬架系统、空气悬架和拖车轴的组装和分销。

（一）专利申请情况

图 4-47 为亨德里克森在墨西哥的专利分布沙盘图。从图中可以看出，亨德里克森专利申请集中区域包括：冲击吸收器、转向节/转向节体等；在色调环、减摩垫等领域专利布局较少。从 3D 沙盘图角度看，亨德里克森的技术优势在于底盘技术。

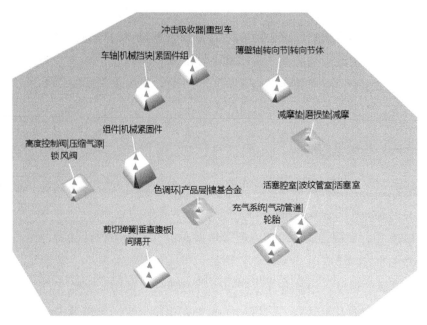

图 4-47　亨德里克森在墨西哥的专利分布沙盘图

　　亨德里克森在墨西哥提交有关汽车的专利申请共 97 件，在专利申请人的申请量排名中居第十一位。图 4-48 为亨德里克森有关汽车关键技术的专利申请趋势。从图中可以看出，亨德里克森在墨西哥的专利申请可大致分为三个阶段。2012 年以前为第一阶段，亨德里克森在墨西哥申请的专利较少，其中除 2008 年申请量为 8 件之外，2005—2012 年每年的专利申请量仅为 1~3 件。可以看出，亨德里克森较晚才开始重视在墨西哥的专利布局。第二个阶段为 2013—2018 年，亨德里克森的专利申请量较多，在 2016 年达到了峰值 16 件，年申请量趋势呈波浪形，维持在 7~16 件。第三阶段为 2018 年以后，亨德里克森的专利申请量有所减少，年均不超过 5 件，原因可能是墨西哥专利申请公开的滞后性，有部分专利申请尚未公开，因此下跌趋势并不真实。

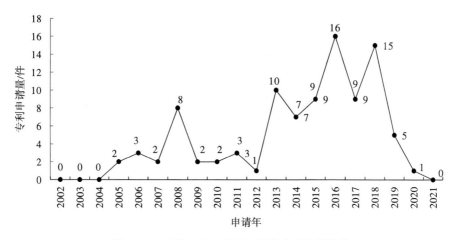

图 4-48　亨德里克森在墨西哥的专利申请趋势

从图 4-49 可以看出，亨德里克森各一级技术分支的专利申请趋势略有不同，其中底盘技术分支的申请量主要集中在后期，如底盘技术分支的申请量峰值为 2016 年和 2018 年的 15 件，在当年远超其他技术分支；而电子电器技术分支和车身技术分支的申请量则均在 2013 年达到峰值；内外饰技术分支申请量较少。可见，亨德里克森在墨西哥的研发布局集中在底盘技术分支，其他技术分支研发布局不明显。

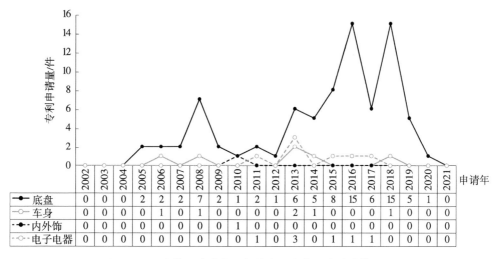

	2002	2003	2004	2005	2006	2007	2008	2009	2010	2011	2012	2013	2014	2015	2016	2017	2018	2019	2020	2021
底盘	0	0	0	2	2	2	7	2	1	2	1	6	5	8	15	6	15	5	1	0
车身	0	0	0	0	1	0	1	0	0	0	0	2	1	0	0	0	1	0	0	0
内外饰	0	0	0	0	0	0	0	0	0	1	0	0	0	1	0	0	0	0	0	0
电子电器	0	0	0	0	0	0	0	0	0	0	1	3	0	1	1	1	0	0	0	0

图 4-49　亨德里克森各一级技术分支专利申请趋势

亨德里克森在 2004—2021 年各二级技术分支的专利申请趋势如图 4-50 所示。可以看出，各二级技术分支的申请量增长趋势不相同，其中行驶系统技术分支在 2005—2020 年每年都有专利申请，申请趋势呈波段性增长，峰值在 2016 年达到 13 件；制动系统、电子信息技术、白车身、传动系统技术分支从 2007 年开始至 2019 年陆续有专利申请，无明显的增长趋势。

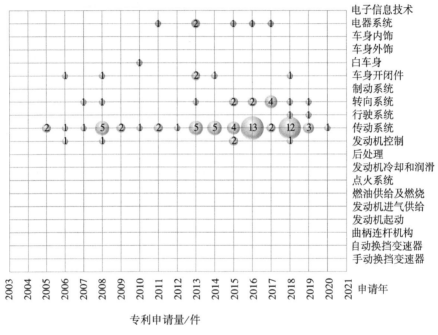

图 4-50　亨德里克森各二级技术分支申请趋势

车身外饰技术分支、转向系统技术分支的专利申请量较少，仅在其中一两年申请过专利，总量不超过 3 件。可见，亨德里克森已经淡出上述技术的研发创新。

(二) 技术分布

如图 4-51 所示，从汽车六大关键技术来看，亨德里克森在墨西哥的专利布局重点集中在底盘领域，共提交专利申请 80 件，占汽车相关专利总申请量的 84%；其次是电子电器和车身领域，均为 6 件，占比均为 6%；内外饰及其他汽车技术领域提交的专利申请量相对较少，分别为 1 件和 4 件。

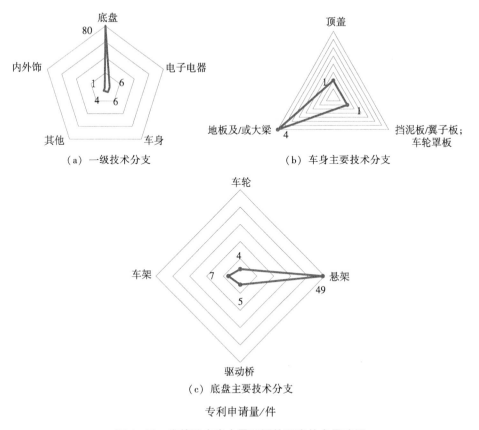

（a）一级技术分支　　　　（b）车身主要技术分支

（c）底盘主要技术分支

专利申请量/件

图 4-51　亨德里克森在墨西哥的研发热点雷达图

在底盘的二级和三级技术分支方面，亨德里克森的专利主要布局在悬架（49 件）、车架（7 件）、驱动桥（5 件）、车轮（4 件），其他三级技术分支的专利申请量均少于 5 件。此外，与其他申请人不同的是，亨德里克森在顶盖和挡泥板/翼子板和车轮罩板技术分支的专利申请较少。可见，亨德里克森在发动机领域的研发重点在于悬架技术，这与亨德里克森底盘稳定性高、运行成本低的特点对应，提高了驾驶舒适度，减轻了整车重量。

在底盘技术分支方面，其主要布局在悬架技术，申请量为 49 件，远多于其他底盘技术分支；其次是车架、驱动桥、车轮，申请量分别为 7 件、5 件、4 件。这表明悬架是亨德里克森底盘研发的重点，这与悬架因具备提高车辆稳定性、降低汽车运行成本、减轻整车重量的优势而引发全球范围内的企业投入大量人力和物力进行研发的趋势相吻合。悬架的作用是传递作用在车轮和车架之间的力和力扭，并且缓冲由不平路面传给车架或车身的冲击力，并减少由此引起的震动，以保证汽车能平顺地行驶，影响汽车整体的舒适性表现。

在车身技术分支方面，专利申请主要集中在地板及/或大梁，申请量为4件，其他技术分支均不超过1件，其中顶盖1件，挡泥板/翼子板和车轮罩板1件。车身技术趋于成熟，可研发创新的领域不多，仅在涉及整车安全的地板及/或大梁技术分支有较多专利申请。

（三）重点专利分析

根据亨德里克森在墨西哥专利申请的同族专利数量、被引频次、诉讼、许可、转让等因素，综合判断其重点专利，表4-19和表4-20为亨德里克森重点专利的概况与详情。

表4-19　亨德里克森在墨西哥申请的部分重点专利列表

公开号	同族专利被引频次	布局国家/地区	是否诉讼	是否许可	是否转让
MX2007013292A	68	WO，AU，CA，CN，EP，IN，BR，JP，RU，US，KR，MX	否	否	否
MX2013002563A	43	US，WO，AU，CA，CN，BR，IN，MX	否	否	否
MX2007013289A	38	CN，US，AU，WO，BR，CA，EP，IN，MX，RU，JP，KR	否	否	否
MXPA05004289A	29	BR，CN，CA，EP，JP，AT，IN，KR，NZ，US，AU，DE，MX，WO	否	否	否
MX2014000233A	23	CN，EP，IN，WO，US，AU，BR，MX	否	否	否
MX2010007888A	22	MX，EP，AU，CA，US，BR，CN，IN，WO	否	否	否
MX2009010438A	19	EP，IN，AU，BR，MX，CA，CN，KR，US，WO，JP	否	否	否
MXPA05010399A	17	EP，NZ，CA，AU，IN，KR，WO，AT，CN，DE，MX	否	否	否
MX2010011270A	16	CN，CA，AU，MX，US，BR，EP，IN，WO	否	否	否

表 4-20 亨德里克森在墨西哥申请的部分重点专利详情

专利名称：具有钢板弹簧和选择性夹紧组件的车辆悬架		
公开号：MX2007013292A	申请日期：2006.04.26	公开日期：2008.03.11
同族专利被引频次：68	同族专利分布国家数量：12	是否发生许可、转让：否
解决的技术问题或技术效果：解决了为了将垂直弹簧刚度降低至需要的水平，钢板弹簧有时必须将其长度增加至封装约束之外，尤其是在特定的车辆上，在给定的悬架中为了获得更低的弹簧刚度，可获得的容纳更长的钢板弹簧的空间受到限制的问题		
技术手段：公开了一种具有低弹簧刚度的车辆钢板弹簧悬架。悬架具有固定至车桥的轴座。钢板弹簧在其弹簧座区域夹紧至轴座的夹紧组件安装面处的轴座，并且具有能够夹紧的特定公开的轴座，使得弹簧座区域相对于车桥中心线不对称。此外，活动夹紧组件的布置可以用于利用钢板弹簧的全部实际长度		

专利名称：带有连接板的悬架组件		
公开号：MX2013002563A	申请日期：2011.08.31	公开日期：2013.05.28
同族专利被引频次：43	同族专利分布国家数量：8	是否发生许可、转让：否
解决的技术问题或技术效果：提供一种新型的、改进的悬架，避免现有弹性体弹簧悬架需要其弹性体弹簧经受压缩性质、拉伸性质和/或剪切性质的荷载使弹性体破裂的问题		
技术手段：一种连接板，其包括下安装凸缘，该下安装凸缘可拆卸地附接于第一车架吊架以及第二车架吊架，其中，该下安装凸缘包括第一安装孔组，该第一安装孔组对应于第一车架吊架处的安装孔组，该下安装凸缘包括第二安装孔组，该第二安装孔组对应于第二车架吊架处的安装孔组，以及延伸部件，该延伸部件具有以与下安装凸缘成一定角度延伸的第一端；以及从延伸部件的第二端延伸的上安装凸缘，其中，上安装凸缘具有适于将连接板附接于车辆的底架的一个或多个安装孔		

专利名称：叉骨形连杆部件以及采用该部件的悬架系统		
公开号：MX2007013289A	申请日期：2006.04.28	公开日期：2008.01.16
同族专利被引频次：38	同族专利分布国家数量：12	是否发生许可、转让：否
解决的技术问题或技术效果：采用四点叉骨形连杆的悬架系统。这种四点叉骨形连杆与悬架系统的其他部件相结合，可改善车辆的操控性、轮轴控制、行驶舒适性以及对货物的保护性，同时降低了悬架系统的复杂性、包装空间以及重量		

技术手段：一种用在悬架系统中的四点叉骨形连杆。叉骨形连杆包括基部和从基部延伸出的两个分支，在分支与基部之间形成了开口很大的区域。基部包括横向贯通延伸的杆体和衬套组件。还公开了采用上述连杆的悬架系统，该悬架系统将轮轴与车辆底盘连接起来，底盘具有在其一侧纵向延伸的第一车架构件和在相反一侧纵向延伸的第二车架构件。在第一、第二车架悬架上分别安装了第一、第二车架构件。横延构件将第一、第二车架吊架连接起来。除了叉骨形连杆之外，悬架系统还包括第一、第二空气弹簧，它们分别与第一、第二车架构件和轮轴相连

专利名称：吊耳组件		
公开号：MXPA05004289A	申请日期：2003.10.21	公开日期：2005.10.18
同族专利被引频次：29	同族专利分布国家数量：14	是否发生许可、转让：无
解决的技术问题或技术效果：其向悬挂装置提供了足够的横向和锥形刚度，降低了用于抵抗侧向荷载而对衬套和吊耳板的均匀刚度和形状的依赖性		
技术手段：一种吊耳组件（66），包括一个吊耳支架（68）、耐磨垫（76、78）、一个吊耳挡块（92）、吊耳板（69、70）以及弹性体衬套（72、80）。吊耳支架（68）包括构成其一部分的腿（88、90）。弹性体衬套（72、80）最好包括相互垂直间隔开的缺口，并且弹性层（97）最好具有一种蝴蝶结状的构造。第一冗余部件具有固定于吊耳板（69、70）之间的吊耳挡块（92）。吊耳挡块（92）在板簧（44）的相对侧翼发生断裂、车辆大体沿着一个给定方向行进且车辆开始减速的情况下，提供对车轴（53）的纵向控制。第二冗余部件具有构成吊耳板（69、70）的一部分的指状物（84、86），它们在与前面相同的状况之下但是车辆大体沿着一个相对方向行进时，提供对车轴（53）的纵向控制		

专利名称：车辆悬架和改进的组装方法		
公开号：MX2014000233A	申请日期：2011.08.17	公开日期：2014.04.25
同族专利被引频次：23	同族专利分布国家数量：8	是否发生许可、转让：无
解决的技术问题或技术效果：提供一种改进的车辆悬架		
技术手段：一种悬架，具有车架附连部分，其具有弹簧安装件定位在其中的开口；定位在弹簧安装件的壁和开口的侧壁之间的第一剪切弹簧；以及定位在弹簧安装件的另一个壁和开口的另一个壁之间的第二剪切弹簧。第一剪切弹簧安装件包括内侧部分和外侧部分，其中，第一贯穿孔定位在内侧部分和外侧部分中，适于允许第一连接杆穿过其中，其中，第一连接杆将内侧部分和外侧部分连接在一起，并且第一剪切弹簧在弹簧安装件的壁和开口的壁之间压缩；并且第二剪切弹簧在弹簧安装件的壁和开口的壁之间压缩		

专利名称：具有独特几何结构的车辆悬架总成		
公开号：MX2010007888A	申请日期：2010.12.21	公开日期：2010.12.21
同族专利被引频次：22	同族专利分布国家数量：9	是否发生许可、转让：无
解决的技术问题或技术效果：通过降低部件数量、重量和所利用的空间，设法减少在先的悬架总成所面对的问题和复杂性。在某种程度上，由于一种新的车架支架组件可能实现这些优点，该车架支架组件允许悬架总成的一些部件"嵌套"在悬架包络体内。该车架支架还整合了悬架部件的安装点，消除了对额外支架的需求。通过整合安装点并减少部件的总数，该发明的悬架总成重量更轻并且没有其他可用系统那么复杂		
技术手段：涉及一种用于支撑车轴且连接到车辆车架上的悬架系统，包括一对安装且悬挂在车辆车架上的横向隔开的车架支架。每个车架支架具有沿着其周边定位的一个或多个安装点，用于悬架部件如减震器的安装，并且具有向内伸向车辆车架中心的突出的空气弹簧附接板。悬架系统包括第一对空气弹簧，它们的上部安装到车架支架的空气弹簧附接板上。空气弹簧的下部安装到悬架臂上。悬架系统还包括第二对空气弹簧，它们沿纵向与第一对空气弹簧分开并连接到悬架臂组件和车架上		

专利名称：具有完全一体臂的引导臂和拖臂悬架		
公开号：MX2009010438A	申请日期：2008.03.27	公开日期：2010.02.17
同族专利被引频次：19	同族专利分布国家数量：11	是否发生许可、转让：无
解决的技术问题或技术效果：提供了控制车桥转动的抗弯刚度，并提供了控制车桥位置的纵向刚度		
技术手段：公开了一种引导臂或拖臂车辆悬架系统，包括装配式车桥和完全一体的梁铸件，所述梁铸件提供了控制车桥转动的抗弯刚度并提供了控制车桥位置的纵向刚度。所述梁铸件通过长螺栓连接件而连接于所述车桥。所述梁铸件包括齿条齿轮安装连接孔，还包括提供将荷载有效传递给所述车桥的其他内在特征		

专利名称：车轴夹紧组件顶部衬垫和空气弹簧安装组件		
公开号：MXPA05010399A	申请日期：2004.04.05	公开日期：2006.03.21
同族专利被引频次：17	同族专利分布国家数量：11	是否发生许可、转让：无
解决的技术问题或技术效果：提供一种具有极好的侧倾稳定性的非扭矩反应型空气悬架		
技术手段：包括安装到在车辆相对侧纵向延伸的车架纵梁上的车架吊钩。纵向延伸的梁一端被连接到车架吊钩上且平行于车架纵梁延伸。梁的另一端通过一横向延伸穿过车辆中心线的横撑相连。在梁的中间部分有一个车轴铰接孔，一车轴夹紧组件与该孔相连，该车轴夹紧组件夹紧车辆的驱动轴壳体。上述车轴铰接孔通常与驱动轴共线。一控制杆组件被连接到悬架或车架部件上。该控制杆组件与上述梁一起形成了平行四边形结构，其中梁形成结构中的下连杆，包括在控制杆组件中的控制杆形成了结构中的上连杆		

193

专利名称：车辆悬架及其弹性体衬里		
公开号：MX2010011270A	申请日期：2009.04.06	公开日期：2011.05.25
同族专利被引频次：16	同族专利分布国家数量：9	是否发生许可、转让：无
解决的技术问题或技术效果：当与在轴座中的可变形的衬里（14、18）结合时，该锥体的弹簧座有效地消除了钢板弹簧的不起作用的部分，以增加弹簧的有效长度和减小弹簧刚度		
技术手段：公开了车辆钢板弹簧（16）悬架的夹组件。该夹组件（10）具有固定到车轴的轴支架（22）和通过机械紧固件（24）固定到该轴支架以限定轴座（36）的顶盖（12）。所述轴支架和顶盖可以包括互锁的键（30）和键槽（32），以在从车轴传递荷载时与机械紧固件协作。钢板弹簧的弹簧座（52）接收在轴座内并且是锥体的		

（四）协同创新分析

亨德里克森在墨西哥提交的专利申请均为单独提出，申请人主要为亨德里克森美国有限公司（HENDRICKSON USA LLC），其申请量占总数的79%；以及21%由亨德里克森国际公司（HENDRICKSON INT CORP）提出的申请。亨德里克森商用车系统欧洲有限公司（HENDRICKSON COMMERCIAL VEHICLE SYSTEMS EUROPE GMBH）作为子公司与上述申请人联合申请。可见，亨德里克森的自主研发能力较强。

（五）小结

本节主要从专利申请趋势、技术构成情况以及协同创新等多方面对亨德里克森在墨西哥的专利申请情况进行了分析。亨德里克森在墨西哥布局专利的时间主要集中在后期，2013—2018年为该公司在墨西哥专利申请的快速发展期。亨德里克森在墨西哥保持着稳定的技术研发以及专利申请，专利申请量一直集中在底盘技术，该公司在墨西哥的研发热点为底盘技术中的悬架技术领域。亨德里克森在墨西哥的技术研发主要依靠自主开发，没有和其他申请人联合申请专利。

第 五 章

结论及建议

一、结论

汽车关键技术主要涉及发动机、变速器、底盘、车身、内外饰和电子电器。在墨西哥的汽车相关专利申请量处于稳步上升阶段，其中电子电器技术分支、内外饰技术分支和车身技术分支增长趋势明显，而底盘技术分支、发动机技术分支和变速器技术分支的研发热度降低。在墨西哥市场，布局最多的技术分支为底盘和发动机，其次分别为电子电器、内外饰、车身及变速器。在各项关键技术的协同创新方面，申请人的技术创新主要采用自主研发方式，六大关键技术的联合专利申请占比均少于2%。

（一）汽车六大关键技术方面

汽车六大关键技术的相关专利申请量如表5-1所示。

表5-1　汽车六大关键技术的专利申请量

技术分支	底盘	发动机	电子电器	内外饰	车身	变速器
专利申请量/件	3353	3083	2038	1755	1200	698

底盘技术的专利申请在墨西哥汽车产业关键技术中数量最多，专利申请比较活跃的前三个技术分支依次为行驶系统中的车轮和悬架以及制动系统；发展较为欠缺的技术分支为传动系统中的万向传动装置和驱动桥。在主要申

请人方面，底盘技术的专利权人主要是来自美国、法国、德国、日本等地区的汽车企业、零配件供应商。从整体上看，汽车企业所涉及的底盘技术分支较为广泛，尤其是福特；零配件供应商的底盘专利申请都较为集中于某一技术分支，其中固特异和德纳在2017—2021年尚未有墨西哥专利申请公开，表明上述公司在墨西哥的技术储备完善或已经退出墨西哥市场；日产和福特提交了大量有关新能源汽车底盘技术、自动驾驶底盘技术的专利申请。

在发动机关键技术中，专利申请比较活跃的四个技术分支依次为排气净化、供油系统、进气管道和增压；发展较为欠缺的技术分支为发动机制动控制、消声、可变配气机构和进/排气管节流控制。发动机技术的专利权人主要是来自美国、日本和德国等地区的汽车企业和零配件供应商。从整体上看，汽车企业所涉及的发动机技术分支分布较为均衡，在各技术分支均有专利申请，如福特和日产；零配件供应商的发动机专利申请都较为集中于某一技术分支，如德纳集中于曲柄连杆机构技术，巴斯夫集中于排气净化技术。

汽车电子电器作为一个新兴行业，专利申请量增长趋势明显。在电子电器关键技术中，专利申请比较活跃的三个技术分支为导航/多媒体/CD机、车身控制器（BCM）、雨刮系统/洗涤系统；发展较为欠缺的技术分支为电子钟、雨量光照传感器（RLS）、智能蓄电池传感器（IBS）、12V铅酸电池系统（非新能源）。电子电器技术的专利权人主要是来自美国、日本、法国以及墨西哥等地区的汽车企业或零配件供应商。汽车企业所涉及的电子电器技术分支较为广泛，如福特的专利申请涉及导航/多媒体/CD机、倒车辅助系统/行人警示装置（AVAS/低速行驶行人警示器）/倒车蜂鸣器/倒车雷达/倒车影像、车身控制器（BCM）等；零配件供应商的电子电器专利申请都较为集中于某一技术分支，如法雷奥的绝大部分专利集中在雨刮系统/洗涤系统。

在内外饰关键技术中，从申请趋势上看，2017年以后是内外饰关键技术专利申请的热潮期。专利申请比较活跃的三个技术分支为车灯、座椅、遮阳板及内饰板，发展较为欠缺的技术分支为扰流板和散热器格栅。内外饰技术的专利权人主要是来自美国、日本及法国等地区的汽车企业或零配件供应商。从整体上看，汽车企业所涉及的内外饰技术分支较为广泛；零配件供应商的内外饰专利申请都较为集中于某一技术分支。排名第一位的福特，其专利申请量遥遥领先于其他竞争对手，主要涉及车灯技术和座椅技术。其他申请人涉及的技术分支较为单一，如圣戈班、日产和丰田的研发优势在于车灯，法雷奥的研发优势在于座椅。

在车身关键技术中，专利申请比较活跃的三个技术分支为车门、车窗、地板及/或大梁，发展较为欠缺的技术分支为侧围板、挡泥板/翼子板和车轮罩板、发动机罩或盖。在主要申请人方面，车身技术的专利权人主要是来自美国、日本、法国等国家和地区的汽车企业、钢铁厂或零配件供应商。从整体上看，汽车企业所涉及的车身技术分支较为广泛，尤其是福特；钢铁厂与零配件供应商的车身专利申请都较为集中于某一技术分支。

变速器技术方面，其在墨西哥的专利申请可追溯到 20 世纪 70 年代由德纳和伊顿为首的零部件公司的专利申请。2013—2017 年是变速器关键技术专利申请的热潮期。专利申请比较活跃的两个三级技术分支为无级变速器（CVT）和自动变速器（AT），手动换挡变速器和电控机械式自动变速器（AMT）已经趋于成熟。变速器技术的专利权人主要是来自美国和日本的汽车企业和零配件供应商。零配件供应商申请专利的年代较早，后期申请量较少，如德纳和伊顿；汽车企业申请专利的年代较为靠后，申请热潮期为 2012 年以后，2017—2018 年为高潮期，如福特、日产和丰田。

（二）主要竞争对手方面

在墨西哥市场的主要竞争对手有：福特、日产、法雷奥、本田、本迪克斯、伊顿、德纳、圣戈班、固特异和亨德里克森等公司。其中，福特的研发能力最强，在墨西哥提交的相关专利最多。在竞争对手的专利技术分支方面，福特在车身技术分支、内外饰技术分支和电子电器技术分支的专利申请量处于领先地位，日产的研发重点在于电子电器技术分支和发动机技术分支，本田的研发重点为发动机技术分支。此外，除上述汽车企业外，圣戈班的研发重点为车身技术分支，本迪克斯和固特异的研发重点为底盘技术分支，伊顿和德纳的专利申请在各技术领域分布较为平均，无明显的优势领域。

二、专利状况分析

下文将对墨西哥汽车相关专利状况进行分析总结，评价模型体系说明如下。

一是专利状况分析层次。本书对墨西哥汽车相关专利状况的分析总结分为两个层次。

（1）"面"分析。将墨西哥作为目标市场进行一级技术分支宏观评价。

（2）"线"分析。①关键技术线——以技术为线索，在"面"分析的基础上，选取专利状况评价较高的两个技术分支，通过分析其在墨西哥的专利布局，为企业开拓墨西哥市场分析可能的风险来源。②申请人线——以主要申请人为线索，在"面"预警的基础上，对主要竞争对手进行整车细分到三级技术分支的详细专利状况评价。

二是分析指标维度。本书从申请数量、研发热度、竞争来源、协同创新程度等几个维度出发，以星级方式提供专利状况评价。

（1）申请数量。专利申请数量的多少是衡量一个地区侵权风险的重要指标。

（2）研发热度。通过不同时期专利申请量的变化可以从时间维度考察技术或市场的重要程度，进而可以推测该技术或市场的热度。"面"分析中的研发热度为2017—2021年的专利申请量在该技术分支申请总量的占比。

（3）竞争来源。"面"分析中的竞争来源为在墨西哥相关专利申请量排名前十位的主要竞争对手中，专利技术涉及该技术分支的申请人数量；"线"分析为在该技术分支专利申请量排名前五位的主要竞争对手中，专利技术涉及该技术分支的申请人数量；竞争来源可以从一个侧面体现专利技术的技术高度和研发热度。

（4）协同创新度。协同创新度为联合申请专利的数量。企业间合作研发、共有知识产权的情况通常出现在需要进行技术突破时，因此考察协同创新程度可以从侧面体现专利技术的技术高度。

三是专利状况评价。

（1）指标体系。选择申请数量、研发热度、竞争来源、协同创新度作为指标对墨西哥专利状况进行评价。

（2）数据获得。通过专利检索获得基础专利，在此基础上进行综合分析，获得每个指标的相关数据，对每个指标进行满分为 3 分的打分。

（3）模糊层次分析。采用模糊层次分析法，将专利状况评价问题转化为对申请数量、研发热度、竞争来源、协同创新度等几个指标的综合评价，然后通过模糊层次分析法获得指标权重。

（4）专利状况评价。对各个指标的打分分值赋以相应的权重，求和后获得专利状况评价分值。根据分值进行最高为 3 星的标识。

（一）墨西哥汽车市场专利状况分析（"面"）

对墨西哥的汽车专利文献进行分析，梳理专利申请情况，从申请数量、研发热度、竞争来源、市场主体的协同创新情况等几个维度综合考虑，对各个技术分支的专利状况进行等级标识，如表 5-2 所示。

表 5-2　墨西哥汽车市场专利状况分析（"面"）

专利申请数量/件		研发热度		竞争来源		协同创新度	
发动机	3083	发动机	23.0%	发动机	7	发动机	44
底盘	3353	底盘	25.4%	底盘	8	底盘	26
车身	1200	车身	45.3%	车身	5	车身	11
内外饰	1755	内外饰	50.5%	内外饰	5	内外饰	19
变速器	698	变速器	28.9%	变速器	5	变速器	1
电子电器	2038	电子电器	49.5%	电子电器	8	电子电器	14

技术分支	评价分值				专利状况
	专利申请数量	研发热度	竞争来源	协同创新度	
发动机	3	1.5	2.5	3	★★★
底盘	3	1.5	2.5	1.5	★★☆
车身	1	3	2	2	★★
内外饰	1.5	3	2	2.5	★★☆
变速器	1	1.5	2	0.5	★★
电子电器	2	3	3	1.5	★★★

结　论
（1）等级标识：发动机和电子电器等级偏高，内外饰、底盘等级中等偏上，车身和变速器等级较低。
（2）市场竞争：相关专利绝大部分为来自车辆技术发达国家的企业，70%的电子电器和内外饰专利为 2012—2021 年申请；福特和日产在墨西哥汽车专利领域占有优势地位；企业间联合申请专利较少，说明企业在车辆核心技术上共享知识产权的情况较少

建　议
（1）加强预警：对于发动机和电子电器等风险偏高的技术分支加强风险预警，跟踪重点竞争对手的研发动向，重点排查相关技术的专利侵权风险，对疑似侵权的专利进行跟踪和研判。
（2）风险应对：在新产品研发、投产、上市前，进行侵权风险分析，检索范围不仅包括墨西哥专利，也要对 32 个月内的全球专利进行检索分析。
（3）专利布局：在产品研发阶段开展专利布局工作，采用技术手段"穷尽"的方法开展相关技术、产品的布局

（二）墨西哥汽车主要关键技术专利状况分析（"线"）

针对墨西哥市场专利状况分析等级较高的技术（发动机技术和电子电器技术）进行详细的分析，从专利申请的数量、市场主体的研发热度、竞争来源等几个维度综合考虑，对关键技术的二级、三级技术分支的专利状况进行等级标识，如表 5-3 所示。

表 5-3　墨西哥汽车市场关键技术专利状况分析（"线"）

	二级分支	专利申请量/件	研发热度	竞争来源	专利状况
发动机 ★★★	燃油供给及燃烧	667	24.10%	5	★★★
	后处理	497	28.80%	4	★★★
	发动机进气供给	398	35.70%	5	★★☆
	发动机控制	370	23.00%	5	★★
	发动机冷却和润滑	367	30.60%	5	★★
	曲柄连杆机构	359	30.70%	5	★★
	点火系统	79	31.80%	4	★☆
	发动机起动	74	23.30%	4	★

续表

三级分支	专利申请量/件	申请年					主要专利申请人					专利状况
		2016	2017	2018	2019	2020	福特	日产	本田	德纳	万国	
排气净化	404	19	20	29	19	2	25	3	4	0	0	★★★
供油系统	264	2	8	3	1	1	3	1	12	3	10	★★
进气管道	168	4	10	9	10	4	10	4	13	2	2	★☆
增压	103	8	12	9	4	0	13	10	0	0	5	★
燃油处理	95	2	8	3	1	1	2	3	1	0	0	★
冷却	89	3	7	8	1	3	7	1	3	0	4	★
点火系统	79	6	3	4	1	0	3	5	3	2	0	★
燃油喷射控制	71	7	8	1	1	0	3	10	3	0	5	☆
怠速启停控制	69	6	8	2	3	0	7	13	8	1	2	☆
压力润滑	58	3	4	3	4	1	3	1	4	0	3	☆
进/排气管节流控制	32	0	1	0	1	0	0	3	0	0	1	☆
可变配气机构	31	1	2	1	0	0	2	4	6	1	0	☆
润滑剂的冷却/加热或控制温度	30	0	2	3	0	0	1	1	3	0	0	☆
消声	28	0	0	2	1	0	1	0	0	2	0	☆
发动机制动控制	27	0	0	0	0	1	1	0	1	1	1	☆

（发动机 ★★★）

二级分支	专利申请量/件	研发热度	竞争来源	专利状况
电子信息技术	949	48.10%	5	★★★
电器系统	668	37.60%	5	★★☆
其他	427	37.70%	5	★★

三级分支	专利申请量/件	申请年					主要专利申请人					专利状况
		2016	2017	2018	2019	2020	福特	日产	法雷奥	大陆集团	伊顿	
导航/多媒体/CD 机	413	42	98	64	66	8	126	102	0	10	0	★★★
车身控制系统	182	11	22	19	27	5	45	35	0	2	8	★☆
雨刮系统/洗涤系统	172	9	24	21	10	5	17	5	88	0	0	★☆

（电子电器 ★★★）

续表

电子电器 ★★★	倒车辅助系统/行人警示装置（AVAS/低速行驶行人警示器）/倒车蜂鸣器/倒车雷达/倒车影像	139	3	30	30	31	2	66	25	0	1	2	★☆
	开关及继电器	119	2	3	10	6	1	12	3	3	0	2	★
	导电线缆	108	15	14	9	6	2	16	11	2	0	3	★
	喇叭（蜗牛/盆形喇叭、机械/电子喇叭）	87	1	11	8	12	2	23	6	0	4	0	★
	胎压监测系统（TPMS）	78	9	4	7	9	0	10	1	0	2	5	★
	扬声器/麦克风	70	1	7	4	10	1	13	2	0	1	0	★
	车联网终端（TBOX）	64	3	7	8	8	1	16	2	0	1	0	★
	天线	59	1	6	8	13	4	17	0	0	2	0	★
	自动泊车	28	0	4	9	10	2	17	7	0	1	0	☆
	无线充电模块（WPC）	17	6	3	2	3	0	4	10	0	0	0	☆
	电源插座	15	1	2	5	2	1	9	1	0	0	1	☆
	无钥匙系统（PEPS）	14	0	1	4	2	0	7	0	0	0	0	☆
	12V铅酸电池系统（非新能源）	13	1	0	0	2	0	0	2	0	0	0	☆
	网关	12	2	3	0	2	0	3	0	0	1	1	☆
	智能蓄电池传感器（IBS）	11	3	1	1	0	0	1	3	0	0	0	☆
	雨量光照传感器（RLS）	8	0	0	3	1	1	5	0	0	0	0	☆
	电子钟	2	0	0	0	0	0	0	0	0	0	0	☆

(三) 墨西哥汽车相关主要专利申请人专利状况分析 ("线")

分析在墨西哥汽车市场的专利申请量和产品销量，确认福特、日产、法雷奥、本田四家企业为墨西哥汽车市场的主要申请人。从专利申请的数量、企业的研发热度、企业的协同创新情况等几个维度综合考虑，对上述四家企业专利状况进行等级标识，如表5-4所示。

表5-4　墨西哥汽车市场主要竞争对手专利状况分析 ("线")

竞争对手	专利申请量/件	研发热度	协同创新	专利状况
福特	1844	93.7%	0	★★★
日产	524	37.4%	1	★★
法雷奥	251	20.7%	0	★
本田	222	6.3%	0	★

技术分支	专利申请量/件				专利状况
一级分支	福特	日产	法雷奥	本田	
内外饰	568	29	24	21	★★★
电子电器	523	237	106	16	★★★
发动机	164	137	23	101	★★★
车身	265	16	19	24	★★
底盘	172	62	2	37	★★
其他	313	46	90	26	★★
变速器	40	65	3	12	★☆
发动机二级分支					
发动机控制	20	65	0	19	★★★
发动机进气供给	39	24	11	20	★★☆
发动机冷却和润滑	19	6	1	16	★★
曲柄连杆机构	21	19	0	7	★★
燃油供给及燃烧	13	5	0	17	★★
后处理	29	3	1	5	★☆
其他	13	4	6	7	★
发动机起动	7	6	4	7	★
点火系统	3	5	0	3	★

发动机三级分支	专利申请量/件				专利状况
	福特	日产	法雷奥	本田	
发动机控制—其他	9	39	0	7	★★★
排气净化	25	3	1	4	★★☆
增压	13	9	8	0	★★
怠速启停控制	7	13	0	8	★★
进气管道	10	4	0	13	★★
废气再循环（EGR）	13	7	2	0	★☆
发动机冷却和润滑—其他	8	3	0	6	★
燃油喷射控制	3	10	0	3	★
供油系统	3	0	0	12	★
可变配气机构	2	4	0	6	★
冷却	7	1	0	3	★
燃油供给及燃烧—其他	7	0	0	4	★
压力润滑	3	1	0	4	☆
燃油处理	2	3	0	1	☆
发动机进气供给—其他	1	0	1	1	☆
润滑剂的冷却/加热或控制温度	1	1		3	☆
后处理—其他	2	0	1	1	☆
进/排气管节流控制	0	3	0	0	☆
消声	2	0	0	0	☆
电子电器二级分支					
电子信息技术	263	159	0	9	★★★
电器系统	143	56	93	4	★★
其他	117	22	13	3	★
电子电器三级分支					
导航/多媒体/CD机	126	102	0	1	★★★
雨刮系统/洗涤系统	17	5	88	0	★☆
倒车辅助系统/行人警示装置（AVAS/低速行驶行人警示器）/倒车蜂鸣器/倒车雷达/倒车影像	66	25	0	0	★☆

续表

电子电器三级分支	专利申请量/件				专利状况
	福特	日产	法雷奥	本田	
车身控制器（BCM）	45	35	0	3	★
喇叭（蜗牛/盆形喇叭、机械/电子喇叭）	23	6	0	0	☆
导电线缆	15	11	2	0	☆
天线	17	0	0	2	☆
开关及继电器	12	3	3	0	☆
车联网终端（TBOX）	16	2	0	0	☆
自动泊车	17	0	0	0	☆
扬声器/麦克风	13	2	0	1	☆
无线充电模块（WPC）	4	10	0	0	☆
胎压监测系统（TPMS）	10	1	0	0	☆
电源插座	9	1	1	0	☆
无钥匙系统（PEPS）	7	0	0	2	☆
雨量光照传感系统（RLS）	5	0	0	0	☆
智能蓄电池传感器（IBS）	1	3	0	0	☆
网关	3	0	0	0	☆
12V 铅酸电池系统（非新能源）	0	2	0	0	☆
电子钟	0	0	0	0	
电器系统—其他	0	0	0	0	
电子信息技术—其他	0	0	0	0	
结　论					

（1）竞争企业：从专利申请量及市场占有率看，选择福特、日产、法雷奥、本田作为墨西哥汽车市场重点关注对象。

（2）专利申请量：福特的专利申请量最多，处于领先地位；日产的专利申请量仅为福特的27%，法雷奥的专利申请量仅为福特的13%，而丰田的专利申请量仅为福特的12%。

（3）专利技术分布：在发动机领域，福特、日产和本田均布局了大量专利，但各有侧重。日产专利布局重点在发动机控制技术分支，福特专利布局重点在发动机进气供给技术分支和后处理技术分支，而本田专利布局比较均衡。在电子电器技术分支方面，福特、日产、法雷奥均有大量专利布局。福特和日产均在导航/多媒体/CD 机技术分支和倒车辅助系统/行人警示装置（AVAS/低速行驶行人警示器）/倒车蜂鸣器/倒车雷达/倒车影像技术分支申请较多专利。法雷奥在雨刮系统/洗涤系统技术分支申请较多专利。此外，在内外饰技术分支方面，福特独占研发鳌头

续表

建　议
风险排查：针对与技术方向相似的企业进行定期跟踪，明确其技术方向和相关专利的法律状态；改进不足之处，同时进行规避设计

三、建议

通过对墨西哥汽车相关专利开展的宏观和中观分析，从知识产权角度出发，本书给出如下建议。

（1）关键部件及技术定期监控：针对墨西哥市场汽车关键技术和专利布局进行定期监控，分析新申请专利，对于发动机、电子电器和内外饰等专利状况等级偏高的技术分支加强风险防范，重点排查相关专利风险，及时研判应对策略。

（2）竞争对手定期监控：针对竞争对手进行定期监控，了解其专利布局状况，及时优化技术方案，做好规避设计，并及时采取"公众意见"等手段，阻止竞争对手在墨西哥市场构筑专利壁垒。

（3）风险排查：在新产品研发、投产、上市前，进行知识产权风险排查，防止竞争对手以优先权提交 PCT 专利申请进入目标市场。

（4）提早进行专利布局：对有独到优势的技术方案尽早采用技术手段"穷尽"的方法开展专利布局，防范竞争对手采用替代技术方案。

参考文献

［1］廖抒华，曹珏，刘锦武. 广西汽车产业发展现状及对策研究［J］. 汽车工业研究，2016，3：20-24.

［2］杨铁军. 产业专利分析报告［M］. 北京：科学出版社，2010.

［3］杨铁军. 产业专利分析报告：绿色建筑材料［M］. 北京：知识产权出版社，2015.

［4］吴洁霞，胡婷婷，张云星，等. 广西重点产业专利竞争情报实践案例研究［M］. 北京：知识产权出版社，2015.

［5］闵珊，李洪庆，杨帆，等. 中国汽车产业集群发展现状及对策研究［J］. 商业经济，2022（2）：59-61.

［6］顾震宇. 基于案例分析的区域专利分析方法应用研究［J］. 情报杂志，2010（8）：40-44.

［7］方国涛. 基于专利信息分析的广西汽车产业技术创新能力评价研究［D］. 南宁：广西大学，2010.

［8］龚勋. 基于专利地图技术的中国汽车产业专利信息研究［D］. 上海：上海大学，2007.

［9］熊晓琴. 基于专利地图的跨国汽车厂商专利布局研究［D］. 重庆：重庆大学，2008.